千二百年の古都 闇の金脈人脈

バブルの支配者たち

坂 夏樹
Saka Natsuki

さくら舎

目次◆千二百年の古都 闇の金脈人脈――バブルの支配者たち

3　山段芳春――情報とカネの交差点

4　高山登久太郎と畠山忍――山口組を洛中に入れなかったヤクザ

7

闇社会が喰い散らかした近畿放送（KBS京都）

8 わが心にかなわぬもの、京都仏教会

9 「御池産業」、別名京都市役所

12 **「パンツ屋・傘屋・花札屋」**

13 京都闇社会の華麗なる〝脇役〟たち

千二百年の古都　闇の金脈人脈

——バブルの支配者たち

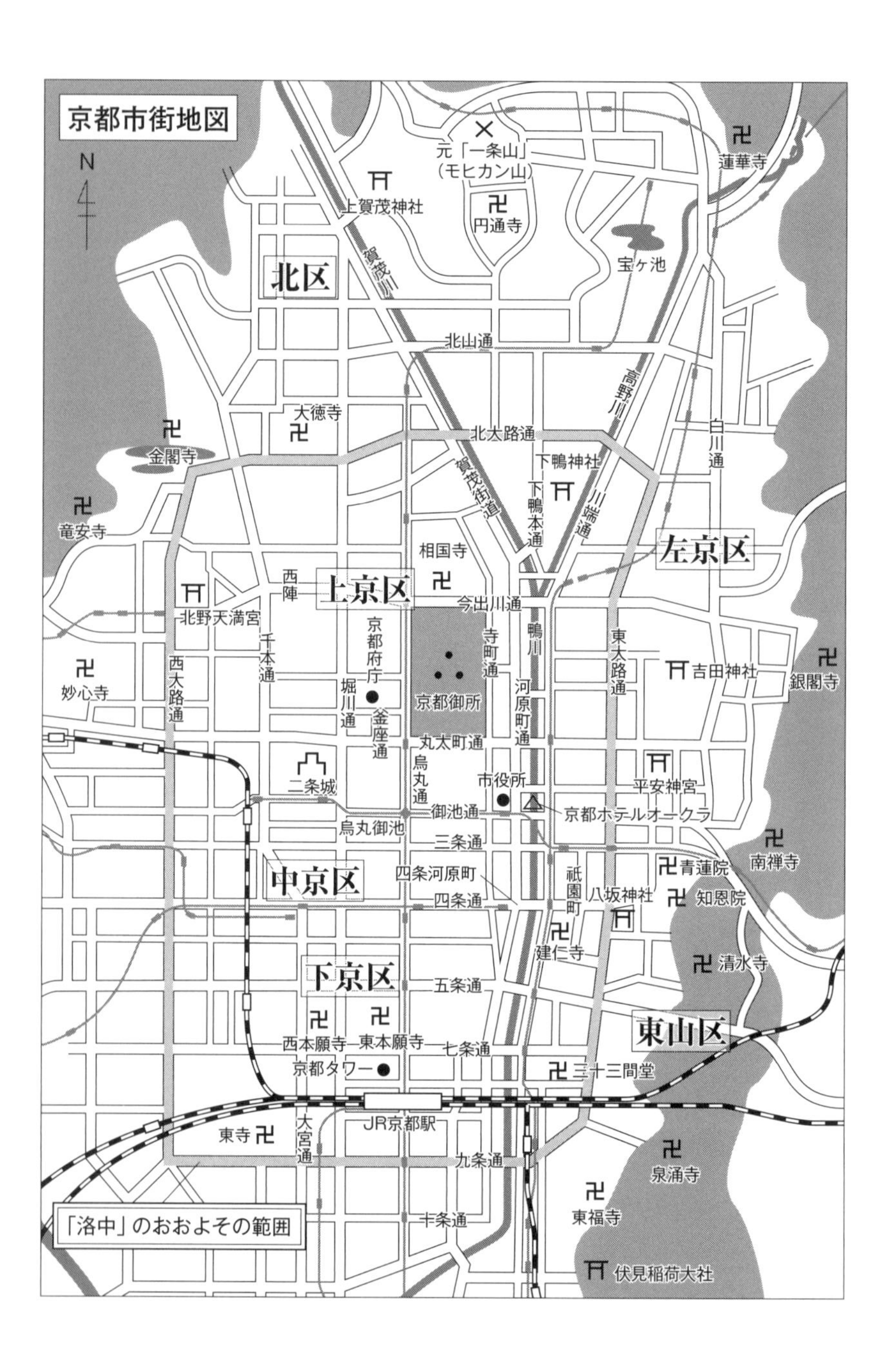

京都市街地図
N
元「一条山」
（モヒカン山）
上賀茂神社
円通寺
蓮華寺
宝ヶ池
北区
賀茂川
北山通
高野川
大徳寺
北大路通
白川通
金閣寺
下鴨神社
賀茂街道
下鴨本通
川端通
竜安寺
相国寺
左京区
西陣
上京区
今出川通
北野天満宮
京都府庁
寺町通
鴨川
千本通
東大路通
吉田神社
銀閣寺
西大路通
妙心寺
堀川通
京都御所
河原町通
釜座通
丸太町通
烏丸通
二条城
市役所
平安神宮
御池通
京都ホテルオークラ
烏丸御池
三条通
南禅寺
中京区
四条河原町
祇園町
青蓮院
八坂神社
知恩院
四条通
建仁寺
清水寺
下京区
五条通
東山区
西本願寺
東本願寺
七条通
京都タワー
三十三間堂
大宮通
JR京都駅
東寺
九条通
泉涌寺
東福寺
「洛中」のおおよその範囲
十条通
伏見稲荷大社

1　京都の地下水脈――古都を動かす支配者たちと掟

古都を呑み込んだバブルの闇

「地下水脈」

「闇社会」

「影の実力者」

京都で仕事をはじめて、京都の事情が少しわかってくると、たびたび耳にするようになった。

「地下水脈を勉強しとかへんかったら、京都のことは何もわからへんで」

と、ことあるごとにアドバイスを受けるようになる。もちろん、地下水脈とは京都盆地の地下水のことではない。

京都を動かす「地下人脈」のことだ。

私が京都で仕事をしたのは、1988(昭和63)年から1992(平成4)年にかけての5年間。日本国中がバブル経済に踊りまくっていた時期とぴったり重なっていた。有象無象が利権に群がり、桁外れの金額のカネが社会に流れ込んだ。

80年代後半、大幅な金融緩和によってダブついた資金が土地や株式へと大量に流れ込んだ。大都市のみならず地価は2倍にも3倍にも高騰し、株価は急上昇して、1989年末の大納会で日経平均株価が史上最高の3万8957円をつけるにいたった。

「財テク」という言葉がもてはやされ、新聞記事やテレビ番組では「いかに資産運用して儲けるか」が目白押し。銀行の定期預金で満足している人はバカにされるような風潮さえあった。

さながら〝貸し付け競争〟のようになった金融機関の審査は甘くなり、通常ではとても融資に踏み切れないような怪しげな投資家や企業にジャブジャブとカネを融通した。

絵画、ゴルフ場会員権、古美術品などさまざまなものが投資の対象になった。100万円を投資したら、あっという間に２００万円にも３００万円にもなってしまう。異常な現象を異常とも思わなくなるような狂騒曲が日本国中を席巻した。

もちろん京都も例外ではなかった。

例外ではないどころか、「１２００年の古都・京都」のブランドは、闇社会の人間にとっては垂涎の的だ。京都が関わっているというだけで、利権の規模も注目度も格段に高くなってしまった。

東洋一のディスコ「マハラジャ祇園」が出現

１９８８年に京都に着任して、しばらくは京都市内の警察署を担当した。左京区から東山区にかけて、下鴨神社や、南禅寺、平安神宮、知恩院、八坂神社、清水寺といった有名な神社仏閣が並ぶ一帯が私の担当エリアだった。事件や事故がなければ、哲学の道や産寧坂、清水坂をぶらぶらと歩ける、なんとも贅沢な〝職場〟だった。

間もなく「空が広い」ことに気づいた。

大阪や東京と比べると、威圧感を与えるような高層マンションや巨大ビルが極端に少ない。狭い路地に入っても、少し頭を上げると眼前は広い空だった。

ところがあまり時を置かず、広い空が少しずつ狭くなってきたように感じた。いや、狭くなったというより、空に長方形や正方形の大きな「影」ができたというほうが正確だろうか。

無機質な建物が縦横無尽に広い空を埋めはじめた。大阪や東京のような空に変わりはじめた京都の空が、私にとってのバブル経済の象徴だったように思う。


八坂神社のすぐ近くに、ディスコ「マハラジャ祇園（ぎおん）」がオープンしたのは私が着任する2年ぐらい前だった。「マハラジャ」や「ジュリアナ」といえば、バブルを象徴するディスコだった。ギンギラギンの照明と大音響の音楽のなか、お立ち台ではワンレン・ボディコンの女性が踊りまくった。

バブル前夜にオープンしたマハラジャ祇園は、1000平方メートルの大フロアで「東洋一のディスコ」といわれ、のちのジュリアナ東京のモデルになったといわれている。バブルの象徴といわれたディスコの狂騒劇は、じつは京都が発祥だった。

それなら、バブルの真っ最中の京都人はマハラジャで踊りまくっていたのかというと、そうでもなかった。

アルコールはほとんど口にしない私だったが、祇園にはたまにのぞきにいくラウンジがあった。客に弁護士が多く、人脈づくりには絶好の店だったが、貧乏記者の私には少し敷居が高かったので月に1〜2度行くのがやっとだった。

カウンターでは当然、マハラジャも話題になった。ところが祇園のラウンジの常連たちには、評判はすこぶる悪かった。

「あそこは学生と観光客と成金が行くところ。まともな大人が行くところとちゃうし」

「マハラジャのおかげで〝祇園も庶民的になった〟と思われたらほんまにケッタくそ悪い」

「カネにモノ言わせて遊ぶような連中に、ドレスコードなんて言われたないわ」

そのラウンジの経営者の女性は、京都に進出しはじめたバブルのにおいを敏感に感じ取っていたようだ。札束をちらつかせて遊ぶような輩（やから）をことさらに嫌っていた。

「祇園は大阪の北新地（きたしんち）や東京の銀座とは違うんやし。勘違いしてるような客はみんな断ってるんよ」

この店が特別だったわけではないようだ。

「どこのママさんも〝嫌な時代になったねえ〟って言うてるよ」

だからといって、儲けは度外視というわけではなかった。「景気のいいときに儲けておかないと」としっかり稼いでいた。

生粋(きっすい)の京都人はバブルに対して、やや距離を置いて冷めた見方をしていたのではないかといまでも思っている。だからといってバブルと関わりを持たなかったわけではなく、たっぷり稼いだ京都人もいれば、とんでもない損失を受けた京都人もいた。

よく聞いた譬(たと)えだ。

「京都の人はベンガラ格子(ごうし)の隙間からチョロチョロと外を眺めるだけ。家の中で外には聞こえないように文句だけ言うて、もう大丈夫と確信せんかったら絶対に表には出ていきはりません」

応仁(おうにん)の乱以来、何回も街を焼き払われた京都人の知恵だという人もいるのだが……。

京町家を襲う「地上げ」と「土地転がし」

しかし、途方もない金額のカネが流れ込んできたバブル絶頂期の京都では、「ベンガラ格子の隙間からこっそり外を眺める」などという悠長なことが許されなくなっていた。

　昔ながらの京都の町家（まちや）は、ウナギの寝床といわれるように通りから細長く奥に伸びている。バブル期には、町家が次々と破壊されて、櫛（くし）の歯が欠けていくように更地（さらち）が増えていった。市街地は碁盤（ごばん）の目のように通りが走っているので、空から見るとまさに櫛の歯が欠けたような街並みがひろがっていたはずだ。

　戦災に遭（あ）わなかった京都の町家は、築70年以上の建物が珍しくなく、大がかりな補強が必要になっていた。ウナギの寝床のような細長い家屋は、現代の生活スタイルに合わせるリフォームの障害になっていた。

　住みにくさを嫌う若者は郊外に出ていくので、京町家を支えているのは高齢者ばかり。補修費の捻出（ねんしゅつ）もままならず、おまけに地価の高騰で税負担が重くのしかかった。

　そこへ「地上げ」や「土地転がし」の嵐が襲った。

　町家の維持に四苦八苦している高齢者宅を狙い撃ちして売却させる。ウナギの寝床の町家は、それなりに面積があっても通りに面しているのはわずかだから、そんなに高額な買収額にはならない。

　自宅のまわりに更地が増えていくと、売却する気のなかった住民もどんどん不安になってくる。「近所が1軒更地になるごとに、ネズミが10匹増える」などといわれた。

ひとつの区画で、また1軒、また1軒と櫛の歯が欠けるように更地になっていく。

やがて、歯欠けだらけだった一画が、完全に歯が抜けた広い一筆（いっぴつ）の更地になる。地価は一気に跳（は）ね上がり、信じられないような高額の土地に変身した。

碁盤の目に並ぶウナギの寝床は、安く地上げして高く地価を吊（つ）り上げる絶好のロケーションだった。京都の碁盤の目の街並みは、皮肉にも地上げ業者のためにあるようなものだった。

京都の〝地上げ業者〟は大阪の大手業者に声をかける。

「東山が一望できて、鴨川（かもがわ）の河川敷まで歩いていけるまとまった土地があります。マンションでもオフィスビルでもなんでもいけまっせ」

大阪の業者が買い取った土地は、関東の業者に転売される。転売された業者は、京都への進出を企（くわだ）てる不動産業者やマンション建設業者に転売する。転売のたびに価格はどんどん吊り上がる……。

「地上げ」と「土地転がし」というバブル期の地価高騰の常套（じょうとう）手段は、京都のためにあったようなものだ。「京都ブランド」は何物にも代えがたかった。他の都市とはまったく違う付加価値付きで、とんでもない価格になっていった。

首都圏や阪神圏では「億ション」と呼ばれる豪華マンションが多数建設され、飛ぶように売れた。

京都では「億ション」をはるかに超える「2億ション」まで売りに出されたが、あっという間に完売したという。

「京都は応仁の乱以来の危機を迎えている」

大真面目に話す京都人さえいた。

京都に二つの「掟」——ポイントは「洛中」

京都には二つの「掟（おきて）」がある。

京都の闇社会を探るうえで、この二つの掟はポイントになる。一見すると意味不明なことや理解不能なことでも、この掟に即して考えていくと腑（ふ）に落ちてくるから不思議だ。

京都で過ごした5年間、この「掟」に何回か助けられたし、この「掟」の呪縛（じゅばく）から逃（のが）れることができなかった。

掟1「洛中のことは洛中で始末をつける」

京都のことはすべて京都の中で解決するということだ。京都以外の人に頼ったり、京都以外の権威が京都に入ることを避けるという意味を持つ。

ここで「洛中」について少し説明しておきたい。

京都府も京都だし、京都市も京都だが、京都人が指す京都は行政区分とはまったく異なる。俗にいう「洛中」が京都だ。

洛中は、大雑把にいえば碁盤の目に広がる市街地を指す。もう少し厳密にいえば、かつて走っていた京都市電の路線で見るとわかりやすい。東大路通、北大路通、西大路通、九条通が京都市電の外周線だった。その内側を洛中という場合が多い。

洛中はもともと、豊臣秀吉が京都市中の防御と洪水防止のために築いた「御土居」に囲まれたエリアを指した。御土居は高さ3メートルほどの土塁と掘割でつくられ、北は現在の北山通あたり、東は鴨川だった。京都市電の外周線とは少しずれるが、おおよそ重なっている。粟田口、鞍馬口、丹波口など、洛外への出入り口の呼び名がそのまま地名となった。

舞鶴市や福知山市などがある京都府北部や、宇治市などがある府南部はもちろん洛中ではない。京都市内でも山科や伏見、西京などを洛中と呼ぶことはない。

同じ京都市内でも、北山や伏見に住んでいる年配の人のなかには、四条河原町や祇園などの繁華街に出かけるときに「京へ出かける」という人がいる。

ここでは特別なことがない限り、「京都」と書けば「洛中」を指していると思っていただきたい。

掟2「決して政治家を当てにしない」

文字どおり、政治家の力を借りないということだ。手っ取り早く解決できる場合が多いが、政治家の介入を許すことになる。

京都には、政治家に振り回され、幾度となく戦乱に見舞われた長い歴史がある。

古く応仁の乱は、室町幕府の将軍家と管領家の後継者争いが原因で発生した。政治家の跡目争いをめぐる戦乱は、泥沼化して11年間におよんだ。京都は焦土と化し、日本は群雄割拠の戦国時代へと入っていった。

幕末には、薩摩藩と長州藩の主導権争いがもとで蛤御門の変が起こった。市中での激突で京都は焼け野原になり、両藩の衝突を抑えきれなかった徳川幕府の権威は、坂道を転がり落ちるように失墜していった。

政治家との深い関わりが争いの種になりかねない。ときには京都の街を焼け野原にするような戦乱になりかねない。その思考は京都人のＤＮＡに刷り込まれている。

京都の闇社会に政治家の名前はほとんど出てこない。もちろん、政治家との関わりがまったくなかったわけではない。しかし、京都の闇社会の連中が積極的に政治家と関係を持ってともに闇を深めていった、というようなことは、バブル経済の絶頂期でさえもほとんどなかった。

京都出身の政治家には、野中広務氏や伊吹文明氏といった〝大物〟がいる。「闇社会とどこかで直結しているのではないか」とことあるごとに探りを入れた。しかし、その影は薄かった。

カネと利権のにおいを嗅ぎつけた洛外の政治家が、京都の闇社会に入り込もうとしたこともあったようだ。しかし、京都の闇社会の連中は、自分から政治家に喰い込むようなことはほとんどしなかった。近づいてきた政治家をうまく利用しただけのように見える。

政治家の力を借りようとした時期もあったが、それはバブル経済が崩壊し、闇社会がもはや闇とはいえない状態になったときのこと、地下水脈が干上（ひあ）がってしまった末期のことだ。

政治家は闇社会の紳士たちの掌（てのひら）の上でひたすら踊らされていたのだろうか。

京都に二つの「誤解」──よそ者の扱い方

ついでに、二つの「誤解」を解いておきたい。

京都が話題に上ると、しばしば耳にするフレーズがある。

誤解1「よそ者に冷たい」

強烈な思い出がある。

その分野では名の知れた方のご自宅にうかがったときのことだった。夕方に帰ろうとすると「せっかくだから夕飯食べていってください」と言われた。初めてうかがったお宅だし、何回も断ったが、くり返し勧められるのでお断りするのもかえって失礼と思い、夕飯をいただいて帰った。

半年ほどたった頃、ある人から「あの人の家で夕飯食べて帰らなかったか」と聞かれた。ほとんど記憶にないほど以前のことになっていた。「あの方、勧めたら夕飯食べて帰らはったんです。やっぱり大阪の人や」と噂しているという話をまた聞きで耳にしたらしい。

「京のぶぶ漬け」を地でいくような話だ。

「やっぱり大阪の人や」に「京都の人やないさかい、モノを知りはれへん」というニュアンスがにじみ出ている。

「京都人はいけずが多い」という印象が「よそ者に冷たい」につながっているのだろう。

だから京都人はよそ者を排斥しているかというと、決してそうではない。京都の闇社会で暗躍したといわれる人物のほとんどは「洛外」出身の人たちだ。「表」の社会でも、政界や財界をリードする人たちは圧倒的に「洛外」の人が多い。京都市長や京都財界の主な顔ぶれを見ても、「洛中」の人は限られている。

よそ者をうまく取り込んで、ある場合は「汚れ役」をさせ、ある場合は「悪役」を演じさせた。洛中の人間は決して自らの手を汚すことはない。

きれいごとだけでは済まない社会の暗部はすべてよそ者に任せて、その成りゆきをベンガラ格子のウナギの寝床の町家の奥からじっと観察しつづけた。

京都人はよそ者を「温かく」迎え入れなければならなかったのだ。

誤解2「一見さんお断り」

上七軒、祇園甲部、先斗町、宮川町、祇園東と京都には5つの花街（五花街）がある。

突然お茶屋を訪ねても、芸妓や舞妓と座敷に上がることは不可能だ。

最近は観光客向けの「お試しコース」などというのがあるそうだが、京都人は眉をひそめている。花街は、単に飲めや歌えで宴会したり、観光気分で訪れるところではないのだ。

一見さんを断る理由はいくつかあるという。

お座敷に上がるためにはそれなりの「掛かり（出費、費用）」が必要となる。料金の踏み倒しを避けたい。

無粋な客を上げたくない。べろべろに酔っぱらって暴れたりするような客はお断りだ。

しかし、もっと大切な理由がある。

「座敷で見聞きしたことを決して外に漏らさない」という不文律を守れる人物かどうかを見極めるためだという。長い歴史のなかで、花街がしばしば密談の場所として登場するのはこの不文律が徹底されているからだ。

玉石混交の情報のなかから珠玉の情報を選別しようとすれば、一見さんと接触する必要が出てくる。「ほかのところはさておき、京都は違いまっせ」という認識を持ってもらい、「あんたは一見さんと違う扱いをしているんやさかい、ちゃんと京都のしきたりを守りなはれ」というのが「一見さんお断り」の裏に隠された本当の意味だ。

情報を安全確実にもたらしてくれる限りにおいてだが、じつは「一見さん大歓迎」なのだ。

バブルで噴き出した地下水脈

黒幕やフィクサーといえば、戦後の日本政界を裏から牛耳ったといわれる児玉誉士夫氏や、歴代総理と密接な関係を持ちつづけた政商・小佐野賢治氏を思い浮かべてしまう。

政治家がひそかに日参する。

巨額の資金を動かす。

国家的なプロジェクトのカギを握る。

ときには大臣の任命にまで口を出す。

決して表には出てこない。出てこないから得体が知れない。得体が知れないから恐ろしい。恐ろしいけれど頼らざるを得ない――。

終戦後、日本にまだ民主主義が根づいていなかった時代。まるでスパイ映画のような世界が現実に存在し、機能していたようだ。

表の社会と明確に線引きして暗躍していた児玉氏も小佐野氏も、その線引きがあいまいになってきたときに影響力を急速に落とした。それまでの影の活動が、社会から公然と指弾されたのは記憶に残るところだ。

京都の闇社会も長い歴史のなかで、表社会とのバランスを絶妙の感覚で保っていた。

闇社会の人間は決して表に出ない。

表社会の人間は、闇社会に対して無用の詮索をしない。

ところが、バブル経済の到来が、このバランスを一気に崩してしまった。いままで口にすることさえできずタブーとされてきた闇社会が、公然と話題に上るようになった。それまでとは桁違いの情報量と資金量に、京都の地下水脈が耐え切れず、一気に地上に噴き出したようなものだ。

いったん崩れたバランスは、もう元には戻らなかった。

地上に噴き出した大量の地下水のおかげで、地下水脈は次々と白日(はくじつ)の下にさらされた。そして地下水脈は涸(か)れ果てていった。

涸れた地下水脈をじっくりと検証してみると「なんだ、こんなことだったのか」という実態が次々と明らかになっていった。

バブル期に京都で仕事をした私は、この大量の地下水を全身に浴びせられて、涸れはじめた地下水脈をじっくり見ることができた。平時であればおそらく接することが難しい連中に直接会い、地下人脈や地下金脈を目(ま)の当たりにする幸運を得たのかもしれない。

2 「京都五山」と呼ばれた男たち

京都闇社会の代表格5人

「京都五山」というと、臨済宗の天龍寺、相国寺、建仁寺、東福寺、万寿寺の5寺院を指す。室町幕府の第三代将軍、足利義満が中国の制度にならって格式の高い5寺を定め、五山と称した。

また、毎年8月16日の夜にお盆の精霊を送るための伝統行事は「京都五山送り火」といわれている。この五山は「大文字」「妙法」「舟形」「左大文字」「鳥居形」のそれぞれの送り火が点る山を指す。

しかし京都には、臨済宗や送り火といった京都の歴史や伝統文化から大きくかけ離れた「五山」がある。

京都の闇社会の代表格の5人を示す「京都五山」。

偶然、名字に「山」がつくとはいえ、京都ならではのネーミングが注目度を一気に上げた。

・山段芳春（さんだんよしはる）氏：損害保険代理業「キョート・ファンド」会長
・高山登久太郎（たかやまとくたろう）氏：会津小鉄会（あいづこてつ）4代目会長
・畠山　忍（はたけやましのぶ）氏：会津小鉄会の金庫番
・大山進（おおやますすむ）氏：総合建設業「日本工業」社長
・西山正彦（にしやままさひこ）氏：不動産業「三協西山」社長

5人のうち3人は、それぞれ保険代理業、建設業、不動産業の経営者にすぎない。どう見ても、町では少し名の知れた中小企業の経営者といったところだ。

「黒幕」とか「フィクサー」などといえば、政界を退いても隠然と権力を握る老政治家やヤミ金融の帝王のような人物を想像してしまう。そんなイメージからはほど遠い。

若さ、饒舌、見事な共存共栄

なによりも若かった。

バブル期にはすでに亡くなっていた畠山氏を除くが、西山氏は40代、山段氏と大山氏が50代で、60歳を超えていたのは高山氏だけだった。カネと権力を握る老獪（ろうかい）な京都人が、古都を裏側から自由自在に操っていたというようなイメージは湧（わ）かない。

「京都五山」はよくしゃべった。

饒舌（じょうぜつ）である。

近寄りがたさはあまりない。

私は山段氏、大山氏、西山氏に実際に会ったことがある。

3人ともによくしゃべる。「強面（こわもて）」「近寄りがたい」「怖い」というイメージが先行するが、実際に会ってみるとイメージとはまったく異なる。闇社会で暗躍しているから「言葉を選んで慎重に話すだろう」などということもない。

一方的にしゃべりまくって相手を煙に巻くという作戦があるのかもしれないが、それにしても立て板に水のごとく話す。

残念ながら高山氏には会ったことがない。しかし、テレビの画面を通じて暴力団対策法反対を訴える姿を見ていると、近寄りがたいというほどの怖さはあまり感じなかった。脅したり、凄みをきかせて相手を屈服させるというものではない。言葉遣いは必ずしもきれいではないが、なんとか相手に納得してもらいたいという話し方だ。

また、5人はお互いに干渉せず、協力関係にあるわけでもなかった。

闇社会ではどうしても、利権の奪い合いや主導権争いが生じてしまう。5人もの「フィクサー」が何の争いもなく、共存共栄をはかるなどというのは奇跡に近い。

もちろん、ときには利権がぶつかることもあっただろうが、バブル期の「京都五山」に限っていえば、見事な共存共栄だった。この5人が主導権争いを演じたとか、利権をめぐって抗争を起こしたというような話はついぞ聞かなかった。

地元との付き合いは特に大切にしていた。
山段氏は中京区社会福祉協議会の会長をつとめている。高山氏は自宅のあった大津市の社会福祉協議会に長いあいだ多額の寄付をつづけた。
「単なるパフォーマンスや」という見方はあったが、それをひけらかすことはなかった。闇社会の人間というイメージとは少し異なる側面だ。地域とのつながりを大切にしていたことが、長期間にわたって闇社会を根づかせる一因になっていたような気がする。

繁栄の源泉は「二つの掟」

ここで京都の「掟」を思い出してもらいたい。

掟1「洛中のことは洛中で始末をつける」

「洛外」の人間に解決をゆだねたり、掻き回されたりすることを極端に嫌う。「洛中」のことはすべて「洛中」の人間で解決するのが決まりだ。

会津小鉄会は、「洛中」に山口組の勢力が入り込まないよう、さまざまな手立てを施した。

地元の金融機関は、都市銀行が「洛中」で勢力を伸ばすことがないように、寸分の隙も与えないほど根を下ろしていた。

百貨店は、京都発祥の大丸と髙島屋が幅を利かせた。「洛外」から入ってきた百貨店は、結局撤退を余儀なくされた。

互いに競い合って、ライバルと切磋琢磨しながら共存共栄をはかるという考え方もある。しかし京都では、競合することなく、互いに干渉することもなく、互いの利権が重なることもなく、共存共栄をはかってきた。

闇社会も然り。

掟2「決して政治家を当てにしない」

バブルの絶頂期だった１９８９（平成元）年の京都市長選挙は、後年の語り草になる大激戦だった。

リクルート事件や消費税のスタートで、自民党は全国的に退潮傾向だったうえに、京都市長選には９人もの候補者が乱立する混戦模様となっていた。

京都は府議会、京都市議会ともに、共産党が自民に次いで第二党を占めていた。国政では、衆参両院で計７人の国会議員を送り出したことさえある〝共産王国〟だった。共産党以外の与野党相乗りで当選してきた京都市長に批判的な保守層が一定数おり、隠れ共産シンパは無視できないほどの多数におよんでいた。

共産系の京都市長が誕生するかもしれない可能性が日に日に高まっている、と全国的な注目を集めた。

自民、公明、民社が推す田辺朋之（たなべともゆき）氏、共産が推す木村万平（きむらまんぺい）氏、社会が推す中野進氏らが出馬して選挙戦がはじまった。大接戦の末、田辺氏が３２１票の僅差（きんさ）で木村氏を振り切って、かろうじて当選した。

なんとしても共産党市長の誕生を阻止したい保守陣営。

これが絶好のチャンスと攻勢を強める共産陣営。

激しい選挙戦のさなか、さまざまな真偽不明の噂が飛び交った。

「建設業界や土建業界が〝共産党の市長になったら暗黒の時代になる〟と、億単位の選挙資金を集めている」

「山段が田辺を当選させるために〝裏選対〟をつくったらしい。地元金融機関や市役所の職員の票固めに入った」

「会津小鉄会が田辺のために1万票の票固めに走り回っている」

「保守系候補の乱立を防ぐために、ある立候補予定者に佐川急便が2億円を渡して、立候補断念をうながした」

京都で仕事をしはじめて間がない私は、一つひとつの情報に最後まで振り回された。

ただ気になったのは、暴力団を含めて「民間人」の名前がしばしば飛び交うのに、政治家の名前があまり出てこないことだった。選挙戦に入る前の候補者の選定については、地元選出の国会議員が中心になって動いていた。

しかし選挙戦に入ると、他の選挙ではしばしば耳にする「国会議員や地方議員が地元財界や各種団体に陰で圧力をかけた」などという話を聞く機会が少なかった。なりふり構わぬ権謀術策(けんぼうじゅっさく)を想像するが、政治家の影があまりに薄かった。

政治家を当てにすれば、その見返りを求められる。なによりも目立つ。選挙戦で目立つことは避けなければならない。

政治家を当てにしなければ何に頼るのか。

頼りになるのは闇社会のドンたちだった

闇社会繁栄の源泉は「二つの掟」にあった。

3 山段芳春――情報とカネの交差点

「山段人脈」の底知れぬ怖さ

私が山段芳春（さんだんよしはる）氏に初めて会ったのは1989年だった。
京都に着任して1年あまりの私には「小声でひっそりと話さなくてはいけない人物」とのイメージがしっかりと定着していた。京都の政財界をめぐり不透明なことが起きると、決まって登場する名前だったからだ。

「それは山段がバックや」

「山段が動き出したんとちゃうか」

具体的な理由や証拠があるわけではない。しかし、いかにも訳知りに話されると、何かわかったような気になってしまった。そして得体の知れない恐ろしい大黒幕という人物像だけが膨らんでいった。

京都の闇社会についてまったくの素人である私に、山段氏のことを丁寧に説明してくれるような無神経な京都人はいなかった。

手がかりといえば、1981年に発行された週刊朝日の特集記事「京都政財界の闇の帝王　山段芳春をめぐる灰色の構図」だけだった。詳しいチャート図の入った特集記事は、「山段人脈」といわれた政界、財界、警察、検察、行政、暴力団、金融界、地元マスコミとのつながりをまとめていた。たしかに、京都のさまざまな権限や権威と結びついていることがわかる。

山段人脈はどこまでも広がり、底知れない怖さがあった。

歴代の京都市長と密談を重ね、京都市の多くの幹部が山段氏の事務所に通い詰めていた。

市会議員は自民党から共産党までつながり、地元の金融機関の頭取や理事長はことあるごとに山段氏を頼っていると聞く。

ネットワークは政財界、行政だけではない。京都市内に君臨する暴力団・会津小鉄会の幹部ともつながりを持ち、同和団体にも顔が利いた。地元紙・京都新聞社にもシンパが多数いた。

ネットワークは京都に限らなかった。中央政界から皇室にもおよぶ。

福田赳夫元首相が率いた政治団体・清和会（現清和政策研究会）の政治家とは京都で定期的に面談し、政界の暴れん坊といわれた亀井静香氏（元金融担当相）は、山段氏の前で畳に額をこすりつけて協力を依頼したという。

野中広務氏が初めて国政選挙に出馬したときは後援会をとりまとめて票集めに走り、宇野宗佑氏（元首相）や武村正義氏（元滋賀県知事、元内閣官房長官）とも交流があった。高松宮を京都でおもてなししたこともあった。

ただし、京都を舞台に広がる相関図はすべて闇の中で、決して「表」に出てくることはなかった。

簡単に取れたアポイントメント

「江戸時代ならいざしらず、何の権限もない男が人口１４０万人の現代都市を牛耳るなんてこと、できるのだろうか」

素朴な疑問だった。

同時に、そんな疑問が湧くからこそ「闇の帝王」にふさわしい人物だともいえる。

周囲の人たちは、口を閉ざしたり、言葉を濁したりしているだけで、山段氏について詳しく知っているのだろうと思っていた。

しかし徐々にそうでもないことがわかってくる。山段氏についての知識や認識のレベルは、ほとんど私と変わらないのではないか。周辺の真偽不明の噂話ばかりを追っていても埒があきそうになかった。

一大決心をした。

実際に会って、直接話を聞いてみよう。

山段氏は損害保険代理業の「キョート・ファンド」の会長をつとめていた。表向きの肩書はこれだけだった。

キョート・ファンドの事務所は京都市中京区にある。断られるのを覚悟のうえで、キョート・ファンドに電話してみた。

ドスのきいた男の声かと思ったら、優しそうな女性の声が聞こえてきた。当時は知らなかったが、長年にわたって山段氏の秘書をつとめた安川良子氏だった。とても丁寧な応対で、拍子抜けしたことを覚えている。

あっけなくアポイントメントが取れた。

「山段ビル」と呼ばれたキョート・ファンドの事務所で面談することになった。事務所は、大通りの烏丸通と御池通が交わる烏丸御池交差点にほど近い、静かなオフィス街の一角にあった。

山段氏は人前に出ることを極端に嫌っていた。公の場には一切姿を見せなかった。唯一の例外が葬儀で、さまざまな葬儀の裏方として奔走し、すべてを取り仕切るといわれた。

顔写真もなかった。１９８１年の週刊朝日に掲載された顔写真が、唯一の公にされたものだった。その写真でさえ「本物とは少しイメージが違う」という人もいた。

メモを取ることは到底許してくれないだろう。ましてや会話を録音したり、写真を撮ることを認めてくれるとは思えない。そんなことでせっかくの面談のチャンスを潰すわけにはいかない。

なによりも、こっそりそんなことをしてバレたときに、どんな目に遭うか想像がつかないというのが当時の偽らざる気持ちだった。

事務所を訪ねると、2階の執務室に通された。まず、大きな毛皮の敷物と応接セットが目に飛び込んできた。

刀剣や派手な調度品が並んでいるのではないかと勝手に想像していたが、ごく普通の部屋だった。ソファに深く腰かけていた山段氏は書類に目を通していた。

顔写真さえ出回っていない「闇社会のフィクサー」といわれる大物だ。強面で、寡黙で、近寄りがたい男を想像していた。

山段芳春氏

だが、見た目はごく普通の「おっちゃん」だった。

名刺を差し出すと、しばらく睨むように名刺を見て、顔を上げた。一瞬見せた鋭い眼光に、少したじろいだ。

「ＫＢＳはあんじょうやる。心配せんでええ」

このとき山段氏に聞きたかったのは、経営難におちいっていた京都の地元放送局・近畿放送（ＫＢＳ京都、現京都放送）のことだった。山段氏が実質的に経営しているノンバンク「キョート・ファイナンス」が筆頭株主になっていたことから、「ＫＢＳは山段に乗っ取られた」という噂が飛び交っていた。

企業の乗っ取りにはさまざまな手法があるが、筆頭株主になって発言権を持ち、役員を送り込んで経営に参画（さんかく）していくというオーソドックスなやり方がある。

村上世彰（むらかみよしあき）氏が代表をつとめた村上ファンドは、２００６年に阪神電鉄の株を46％まで買い占めて、阪神タイガースの株式上場などを次々と提案していった。しかし、村上氏が証券取引法違反容疑で逮捕され、阪神電鉄と阪急電鉄との経営統合が成立したことから、村上氏が阪神電鉄を経営することにはならなかった。

資金を比較的自由に動かせる「ファイナンス」や「ファンド」が、この手の乗っ取りを仕掛けてきた。

近畿放送をどうしたいのか。あらかじめ「ＫＢＳのことを聞きたい」と伝えてあったので、山段氏も私の来訪の意図を承知していたはずだ。

メモを取ることができなかったので、やりとりの詳細を再現することはできない。しかし、山段氏が次の二つのフレーズをくり返したことを明確に記憶している。

「ＫＢＳは京都新聞との関係でおかしなことになっていたが大丈夫や。あんじょうやる。心配せんでええ」

「正常になったらうちは手を引く。ＫＢＳを経営する気持ちは全然ない」

とにかく饒舌だった。

相手の出方を見ながら慎重に言葉を選ぶという感じではない。立て板に水を流すがごとくしゃべりまくったという印象が残った。

話題もポンポンと飛ぶ。細かい話をしていると思ったら、とたんに大雑把な話になったりと、ついていくだけで大変だった。

のちにこれが「山段語」と呼ばれていることを知る。早口で話があちらこちらに飛びまくり、中身の3分の1も理解できないことがあるらしい。私だけではなかったようだ。

事務所を出たあと、「人を煙に巻く」とはこういうことをいうのかと思うとともに、見事に術中にはまったのではないかと反省した。

ただ、「京都の闇社会を取り仕切るフィクサー」のイメージは大きく変わった。

寡黙とはほど遠いおしゃべりな人。

ときおり人なつっこい笑顔を見せる、強面とはほど遠い人。

「京都の闇社会」との付き合いが、このときからはじまった。

京都自治経済協議会と星峰会

山段芳春氏は京都府の北部、福知山市の出身。1930(昭和5)年生まれだから、私が初めて会ったときは59歳だった。

敗戦直後に京都府警の警察官になり、連合国軍最高司令官総司令部(GHQ)と関わったり、思想調査にたずさわったりしたこともあった。警察の考え方や動き方を熟知しただけでなく、米軍の情報・心理戦や公安警察の捜査手法も身につけたらしい。

転機は警察官を辞めたあとに、警察や京都市のＯＢ職員、地元金融機関とのつながりを深めてネットワークを構築したことだった。このネットワークを足がかりに、京都市内の有力金融機関である京都信用金庫の理事長職をめぐる抗争を収束させ、一気に注目を集めた。そのあざやかな手法が山段氏への信頼を高めて、人脈と金脈を築き上げた。

京都自治経済協議会という団体がそのネットワークの中核で、山段氏は理事長をつとめた。もともとは京都市内の繁華街の商店主を集めて、税金対策や労務対策の相談に乗る組織だった。ところが、京都地検や京都府警、京都市のＯＢ、地元金融機関の京都銀行、京都信用金庫の関係者が参加していくにつれて「重い影の差す組織」に変わっていった。

錚々（そうそう）たるメンバーのほんの一部を紹介しよう。

・京都地検元検事正　吉永透（よしながとおる）氏
・京都地検元次席検事　三木今二（みききんじ）氏
・元京都市助役　夏秋義太郎（なかばよしたろう）氏
・元京都総評議長、元京都市北区長　松井巌氏

・京都銀行頭取　井上太一氏
・京都銀行専務　岡田二郎氏
・京都信用金庫専務理事　高野瀬宏氏

京都自治経済協議会の肝になったのが「星峰会」という分科会だった。会員は約80人。検察、警察から、行政、財界にいたるまで、京都の中枢をつとめた経験を持つ人たちだった。捜査機関や行政機関、金融機関はどれも上下関係がきわめて厳しい。退職してからも影響力があることを考えれば、これほど強力なネットワークはない。「山段人脈」の基盤となる組織だった。

京都自治経済協議会が「表」のネットワークなら、暴力団とのつながりは「裏」のネットワークだった。京都を支配する会津小鉄会はもちろんのこと、山口組や系列の暴力団にも顔が利いた。

山段氏は会津小鉄会をはじめ暴力団の影響力を「表」で最大限に利用することができたし、暴力団側は、検察や警察、行政に幅広い人脈を持ち、金融機関をバックにする山段氏の影響力を「裏」で利用することができた。互いに「表」と「裏」の境界線を守ることで、共存共栄が可能だった。

山段氏への2回目の面談では、京都自治経済協議会と星峰会について質問をぶつけてみた。山段氏は自信たっぷりに答えた。

「会員には企業の人が大勢いるから、講演会したり、ゴルフ行って親睦（しんぼく）を深めたりしてるんや」

「役所や警察の人は、定年退職してから就職先探すのが大変なんや。そんな人たちにええとこを紹介している」

「ボケ防止のための勉強会をしてる。OBの立場を使って現職から情報を取ってこようとするような人間は入会させてない」

「あんたらが考えてるような怪しげなもんとは全然違う。なんやったら、会員のみなさんに聞いたらええ」

結論だけを自信たっぷりに話す。注釈や背景などは一切口にしない。饒舌な話にこちらが割り込んでいく余地はなかった。終始、山段氏のペースで会話がつづいた。

あまりに自信たっぷりの話しぶりに「確信があって話しているのだろう」とこちらが勝手に推測してしまった。

いま冷静に当時を思い起こせば、山段氏は「わしは核心の情報を握っているけれど、それを簡単にあんたに明かすわけにはいかん」と思わせたかったのだろう。そこが「黒幕」「フィクサー」といわれる所以だったに違いない。

山段氏は「情報の交差点」。

種々雑多な情報を上手にまとめ上げ、小出しにしながら世間の反応をじっと観察する達人だったように思う。

京都信金に喰い込み、カネと情報を捌く

「情報の交差点」だっただけではない。「カネの流れの交差点」でもあった。

山段氏はノンバンクのキョート・ファイナンスの実質的なオーナーだったが、自身が莫大な資金を握っていたわけではない。「信金王国」といわれる京都の信用金庫のなかでも

最も歴史のある京都信用金庫を資金源として、「カネの動かし方」を熟知していた。

京都信用金庫とのつながりは、理事長職をめぐる抗争を収束させたことだった。創業家が理事長ポストを奪取できるように奔走し、京都信用金庫に一気に喰い込んでいった。

京都信用金庫の融資先の保険業務を請け負う損害保険代理店としてキョート・ファンドを設立して、会長に就任した。

表向きは保険代理店だが、京都信用金庫が処理しきれないさまざまなトラブルを解決する役目も負った。暴力団が絡む融資や複雑な背景を持つ手形の処理など、金融機関としては内々に処理したい懸案は多い。さまざまなトラブル処理を通じて、山段氏は京都信用金庫との関係をより深めていくことになる。

京都信用金庫には顧問に就任し、経営や融資などに直接口を出せる立場になったほか、労働組合に相当する京都信用金庫職員会議を設立して常任顧問に就いている。

職員会議の常任顧問の役割といえば、表面上は一般職員の福利厚生を向上させ、地域に貢献する金融機関の職員を育てるということだが、一般職員にも睨みを利かせる立場になった。山段氏の秘書を長期間にわたってつとめた安川良子氏は、対外的にはこの職員会議の書記役という立場だった。

信用金庫というと、銀行より規模が小さく、個人や個人商店を相手に営業しているというイメージが一般的だ。銀行と比べると信用度が若干劣(おと)るのではないかと思っている人もいるようだ。

しかし、京都の信用金庫の存在感は、まるで異なる。

1999年の京都府内の全預金高でみると、信用金庫が26％（全国平均10％）、全貸出高でみると信用金庫が35％（同11％）を占めて、ともに断トツの全国1位だ。

当時、京都市内に本店を置く信用金庫の総預金残高は約5兆円に上り、地方銀行である京都銀行の約3兆7000億円を大きく上回った。

京都人にとっては「おカネを扱うところ」イコール「信用金庫」。洛中でカネを動かそうとすれば、都市銀行ではなく地元の信用金庫に頼らなければ手も足も出なかった。

信用金庫に喰い込むことは、「カネの流れの交差点」に立ってカネの流れを制御するだけではない。

京都の信用金庫は巨大な情報センターでもある。信金王国の京都では、個人や中小企業のカネの動きを知る信用金庫の情報は、他の都市と比べ物にならないほど重要度が高い。

信用金庫に喰い込むことは「情報の交差点」の価値を格段に上げることになった。

山段氏はこうして「情報」と「カネ」の交差点の中心点に立ち、有象無象の人物を一手に引き受け、捌いていた。

ただ、カネの動きに関して、山段氏の口はきわめて堅かった。

カネの動きはたちまち情報の動きを左右させてしまう。情報が入手できなくなったり、ニセの情報が流れたりするきっかけになるのが「カネの動き方」であることを熟知していたのだろうか。

山段氏に面談した折、近畿放送の資金面についてあれこれと聞いたものの、その片鱗も口にすることはなかった。カネの持つ力、カネの魔力を十分に理解したうえでの情報操作ができることは、フィクサーの必要十分条件に違いない。

表舞台に引きずり出された「フィクサー」

写真に撮られることをことのほか嫌い、公的な場に出ることを避けてきた山段氏にとって、バブル経済の到来は人生最大の誤算だったかもしれない。

闇社会に流れる情報量も資金量も、それまでとは桁違いだった。当然、洛中ですべて決着するわけではない。

イトマン事件を通じて許永中（きょえいちゅう）氏や伊藤寿永光（いとうすえみつ）氏と関わりを深めていけばいくほど、京都の地下水脈はどんどん水量が増えて、ついに地上に噴き出してしまった。

「フィクサー」や「闇の帝王」といわれる人物は、本来、影も形も見ることができず、その言葉さえ表に出ないからこそ「フィクサー」であり「闇の帝王」でありつづける。

しかし、いったん表舞台に出てしまうと、もうフィクサーとはいえない。単に「得体の知れない人」というレッテルを貼られて、徹底的に正体を暴（あば）かれてしまう。山段氏にとっては、バブル経済がピークを迎える１９９０年頃からが、その時期にあたっていたように思う。

それまでは警察や市役所などで禁句だった山段氏の名前が、普通に語られるようになってきた。新聞や雑誌などで、イトマン事件や近畿放送に絡んで山段氏に触れる報道が出てきたからだろう。

「山段は影の京都市長。歴代市長は山段のおかげで市長になれた。山段の意向を無視して市政を進めることはできない」
「どんな困難なプロジェクトも、山段が認めたらあっという間に進む」
「山段は警察も検察も暴力団も動かすことができる。京都で怖いものはない」

冷静になって考えれば、成熟した現代の日本社会で、こんなことが起こるはずがない。しかしバブルで浮かれている世情を背景に、もっともらしい理由をつけてまことしやかに流布すると「もしかしたら……」と思ってしまうものだ。

山段氏は「フィクサー」という名で表舞台に引きずり出され、主役にされてしまったのではないか。

表舞台に引きずり出されたフィクサーの凋落はあっという間だった。

桁外れの資金を動かしたツケはたちまち回ってきた。

キョート・ファイナンスに融資していた金融機関は、イトマン事件との関わりを避けようと融資を打ち切りはじめた。頼みの綱だった京都信用金庫にも見限られてしまう。

山段氏との関わりが表沙汰になることを恐れた人たちは、少しずつ距離を置くようになってしまう。情報の交差点とカネの流れの交差点はたちまち干上がってしまった。

　１９９４年頃。私はすでに京都を離れていたが、近畿放送の免許取得をめぐって山段氏の話を聞こうと何回か接触を試みた。

　電話口の安川氏は相変わらず丁寧な応対だった。しかし「山段は、もうどなたにも会いませんので」とくり返すだけだった。

　バブル経済の崩壊がはじまり、司直の捜査の手があちらこちらに伸びていた。１９９１年６月にはイトマン事件の一連の捜査として、大阪地検がキョート・ファイナンスの強制捜査に踏み切っている。近畿放送をめぐる巨額負債にもメスが入っていった。

　キョート・ファイナンスの実質的なオーナーである山段氏も窮地（きゅうち）に追い込まれ、もう饒舌に語るような余裕がなかったのだろう。

「山段氏がフィクサーと呼ばれる時代は終わったのか」と思うと同時に、「われわれが勝手に彼をフィクサーに仕立てて、勝手に引きずり下ろしただけではなかったか」と考えるようになった。

　山段氏はその後、警察官から情報を得るためにカネを渡したとして贈賄（ぞうわい）容疑で捜査対象となった。

そして逮捕される直前の１９９９年3月に、68歳で亡くなった。往時の山段氏を知る人は「憤死だ」とつぶやいていた。

京都のフィクサーといわれた人物の、あまりにあっけない最期だった。

4 高山登久太郎と畠山忍——山口組を洛中に入れなかったヤクザ

「2時間過ぎても出てこなければ、警察へ」

高山登久太郎（たかやまとくたろう）氏には直接会ったことがない。

1988～1990年頃の高山氏は、正直言って「底知れない怖い存在」だった。

「高山に逆らった業者の事務所に連日、銃弾が撃ち込まれた」

「ショバ代を拒否したら、自宅の玄関に血のしたたる牛骨をばらまかれた」

「高山に恫喝（どうかつ）されたある組員は、あまりの恐ろしさに失禁した」

真偽は不明だが、こんな噂がまことしやかに流れていた。

しかし、闇社会を知ろうと思えば、暴力団の存在は避けて通れない。怖いけれどぜひ一度会ってみたい。

京都の闇社会事情に詳しいあるジャーナリスト（Y氏）と何度か「高山登久太郎と面談しよう」と計画を立てたことがあった。いまから考えるとあまりにも用心しすぎた。おそらく普通に会うことができただろう。

会津小鉄会の本部事務所は京都市下京区にあった。当時、完成して間もない立派な建物だった。

高山氏が「極道にも教養が必要や」と指示し、大学にあるような講義室を備え付けているともっぱらの噂だった。高山氏に直接会うこととあわせて、会津小鉄会の本部事務所の中も見たかった。

綿密な計画を立てた。

・アポイントメントはY氏が取る。

・こちらの身上は正確に伝える。
・2人で面談する。
・どちらか1人だけと言われたらやめる。
・高山氏が許可してくれたら会話を録音する。
・メモはとらない。
・1時間過ぎても事務所から出てこなければ、Y氏の妻に私のポケットベルを鳴らしてもらう。
・2時間過ぎても出てこなければ、警察に連絡してもらう。

よもや突然監禁されたり、暴行されるようなことはないと思ったが、万が一のときのために、Y氏の妻には用件を明かさずにお願いした。もちろん私は上司に相談しなかった。相談したらおそらく止められていただろう。

暴力団対策法（暴力団員による不当な行為の防止等に関する法律。暴対法）が施行されるのは1992年。いまなら入れ墨をちらつかせ「わかってるやろな」と脅（おど）すだけで暴力団組員は検挙されるが、当時は刺されてケガでもしない限り警察は取り締まってくれなかった。

結局、実行できなかった。

聞きたいことは山のようにある。しかし、どの質問が高山氏の怒りを買うことになるのか、見当がつかなかった。かといって無難な質問ばかりでは、高山氏が馬鹿にされたと思いかねない。どんな恨みを買うかわからないというのが正直な気持ちだった。

独身だった私はそのうち転勤で京都を離れることになるだろうが、家族のいるY氏は仕事も生活も京都でつづけなければならない。結局、最後の一歩を踏み出せなかったようだ。情けない話だが、私もひとりで乗り込んでいくほどの勇気はなかった。

「組員の70%は同和地区出身の人間や」

高山登久太郎氏

高山氏は大阪市出身の在日韓国人。終戦後に大津市に移り暴力団の組長になった。生粋（きっすい）の京都人ではなく、京都との直接の接点ができたのは相当後になってからだ。

「洛外」の人である。

高山氏は、旧来のヤクザの体質を大きく変えようとした改革者だった。「旧来型ヤクザ」から「近代型暴力団」への変革を試みようとした、というとやや言いすぎかもしれないが、高山氏がいなければ、バブル絶頂期に会津小鉄会が京都で隆盛を誇ることはできなかっただろう。「ヤクザ」のイメージさえ変えてしまう高山氏は、京都の闇社会で重要な位置を占めつづけた。

高山氏が会津小鉄会の4代目会長に就任したのは1986年。バブル経済の前夜だ。当然、京都府警の最重要監視対象者のひとりだった。

眼光鋭い強面（こわもて）、ドスのきいた低い声で、粗暴な組長という印象を持ってしまう。しかし、マル暴担当の刑事からは「切れ者」「知恵者」「緻密（ちみつ）」といった言葉が次々と出てきた。

大津市に自宅を構えていたが、周辺の評判は決して悪くない。

昔からの知り合いは「トクちゃん」と呼んでいた。大津市社会福祉協議会への寄付を長期間つづけており、寄付金額はいつも上位にランクインしていた。悪事を薄めるための単なるパフォーマンスだという人は多いが、地元ではごく自然に受け止められていたようだ。

高山氏や会津小鉄会をめぐるルポルタージュは多数出版されている。噂話を羅列（られつ）した興味本位のものも多いが、しっかりと取材した著作物もある。個別の動きやつながりはそちらに譲りたい。ここでは、京都の闇社会での高山氏の関わりに絞って触れておきたい。

暴力団対策法反対を先頭に立って訴えていた高山氏が、あるテレビ番組でこんなことを口にした。

「組員の70％は同和地区出身の人間や」

社会からさまざまな差別を受けている同和地区の人たちにとって、特に差別を受けるのが就職だ。高山氏の言葉には、

「会社に就職できず、生活が荒れた連中を引き受けているのがわしらや」

「社会の理不尽な仕打ちを受けた連中を救っている組織が、なんでこんな目に遭わされるんや」

との思いが滲（にじ）み出ている。

不動産の売買、大規模な市街地開発、土木・建設業界の諍（いさか）いなど、大都市では巨額な資金や利権が動くとさまざまなトラブルが起こる。それは決してきれいごとだけで収まるものではない。

得体の知れない真偽不明の情報が流れ、利権に目ざとい有象無象が群がってくる。この種の情報は、同和団体や暴力団関係者を通じて、あっという間に闇社会に流れていく。

官公庁や企業は、そんなトラブルが表沙汰になったり、それが引き金になって事件沙汰になったりすることを極端に嫌う。特に同和団体に関わったり、暴力団とつながっているときはなおさらだ

闇社会の情報が先行し、穏便(おんびん)に済ませようとする官公庁や企業は翻弄(ほんろう)され、結局、闇社会に解決を委ねざるを得なくなる。

会津小鉄会と山口組の手打ち

高山氏が最も神経を使った事案の一つが、山口組を京都に入れないこと。正確にいうと「山口組を洛中に入れない」ことだった。

全国に勢力を拡大していく山口組は、飛ぶ鳥を落とす勢いだった。ヤクザの世界でも京都は特別な土地であり、山口組も「京都ブランド」を手に入れたかったことだろう。

1980年代の山口組は、全国各地の暴力団を力ずくで傘下(さんか)に収めて不動の地位を築い

ていった。そのなかで、山口組と会津小鉄会の関係は少し様相が違った。京都市中での会津小鉄会の「独立」を山口組に認めさせつづけたのは高山氏の手腕あってのことだった。

会津小鉄会には鉄則があった。

「京都には他の勢力を入れない」

「その代わりに、会津小鉄会は京都以外に勢力を広げない」

格好よくいえば「京都モンロー主義」ということだろうか。

「洛中のことは洛中で始末をつける」という鉄則は、裏を返せば「洛外の連中に洛中を荒らされたくない」「その代わり、こちらから積極的に洛外には出ていかない」ということだ。

京都市は全国六大都市のなかで、最も都市銀行が進出できなかった都市だ。京都信用金庫、京都中央信用金庫、地元銀行の京都銀行が圧倒的なシェアを誇っている。

「髙島屋」と「大丸」は京都が発祥の百貨店だ。メインストリートの四条通沿いに君臨する。一方で、「京都近鉄百貨店」が2007年に閉店。京都市内の一等地である四条河原町交差点角に進出してきた「四条河原町阪急」は2010年に撤退し、その後にオープンした「京都マルイ」も2020年に閉店してしまった。洛外から進出してきた百貨店は、結局定着できていない。

　百貨店や銀行とヤクザの世界を一緒にしてしまうのもどうかと思うが、京都モンロー主義は京都人の心の奥まで染み込んでいるのかもしれない。

　この時代、全国の大都市のヤクザが他の地域に勢力を伸ばし、競うように組織を拡大しようとしていた。会津小鉄会はその動きに逆行していた。無用の軋轢（あつれき）を起こさないことで、組織を安定的に継続させていこうとした。

　会津小鉄会の起源は江戸時代までさかのぼる。幕末の京都で会津藩主・松平容保（まつだいらかたもり）に仕えた侠客（きょうかく）・上坂仙吉（こうさかせんきち）（通称・会津小鉄（あいづのこてつ））が初代で、日本の暴力団でも最古の歴史を持っている。しばらく途絶えたが、中島連合会の図越利一（ずごしりいち）が三代目に就任して会津小鉄会を復活させた。

　1960年代には、京都の利権を狙って進出してきた山口組と、京都の繁華街で派手な抗争をくり返した。多数の死傷者が出たいわゆる木屋町（きやまち）事件のあと、両者は和解して山口組は京都から手を引いた。京都市内は会津小鉄会が仕切ることになった。

それ以来、会津小鉄会と山口組は友好関係を保ちつづけた。１９８５年に発生した山口組の内部抗争、山口組と一和会のあいだで起こったいわゆる山一抗争では、高山氏が仲裁人のひとりをつとめた。５年間にわたり、市民も巻き添えになる数百件の抗争が全国で繰り広げられたが、山口組と良好な関係をつくっていた高山氏が収束に導いている。高山氏の存在は、全国のヤクザ社会に強く認められるようになった。

京都の闇社会の秩序を守ることは、会津小鉄会の京都での利権を守ることと直結する。決して洛外の連中に秩序を乱されるようなことがあってはならない。

高山氏の頭の中には「洛中のことは洛中で始末をつける」という「掟」がつねに働いていた。

政治家とは距離を置く

高山氏は政治家と「つるむ」こともなかった。

終戦直後の混乱期であればいざ知らず、闇社会のヤクザとつながっていると見られることは、政治家には致命的なことだ。しかし、政治家は闇社会で流れるさまざまな情報と莫大な資金が気にならないわけがない。

決して表面化しないように、地下でひそかにつながっている政治家は驚くほど多い。もちろん、ヤクザにとって政治家とつながりを持つメリットは大きい。

選挙になれば「票固め」も高山氏にとっては重要な仕事だった。

真偽不明なところがあるが、こんなふうに豪語している。

「京都市内で1万票、京都府内で3万票の組織票があるんや。与野党が伯仲した選挙では、保守系候補のために票を集めた」

「政治家を当てにしない」のは当然のこと、「政治家が当てにしてくるように持っていく」レベルまで上げていくほどの手腕があった。

闇社会の秩序が乱される原因の一つに、政治に振り回されることがある。政治というより政治家といったほうがいいだろうか。

利権に目ざといくせに、自らの立場が危うくなるとあっという間に身を引いてしまう。自分は安全地帯に逃げ込み、平気で裏切る政治家は数多い。

政治家と距離を置きつづけることができたからこそ、京都の闇社会は秩序を乱されることなく、力を保ちつづけることができた。

高山氏は身をもって実践（じっせん）したのだろう。

バブル崩壊で〝上納金〟が激減

バブル経済の崩壊後、高山氏は少しずつ勢いを失っていった。

京都市内の大規模な土木建設工事では、警備費や地元対策費などの名目で、工事費の数パーセントの〝上納金〟を会津小鉄会に納めるのが通例だった。大手のゼネコンでは「京都はやりにくい」といわれたが、会津小鉄会に睨まれれば工事ができなくなってしまう。どこも目をつぶっていた。

会津小鉄会にとっては大きな収入源の一つになっていたが、バブル崩壊で大規模工事が激減し、〝上納金〟はあっという間に細ってしまった。

思うように資金を動かせなくなってきた。「カネの切れ目は……」というが、闇社会での資金ショートは人が離れていく大きな要因になってしまった。

また、総額数十兆円といわれた京都の大規模開発事業の利権を狙って、山口組が進出を狙いだした。山口組とのあいだで保たれていた相互不干渉が崩れはじめ、止められなくなりはじめていた。高山氏のメンツが少しずつ失われてきていた。

1995年頃から会津小鉄会と山口組とのあいだで発砲事件や狙撃事件がつづき、翌96年には会津小鉄会系組員が山口組の中野太郎幹部を襲撃する事件に発展してしまった。

加えて、高山氏の勢いが削がれていった原因の一つが、暴力団対策法に表舞台で反対を唱える高山氏自身の露出度のアップだろう。

山口組と一和会が繰り広げた血で血を洗う抗争は、「暴力団撲滅」の世論を一気に高めた。いわば〝兵糧攻め〟で暴力団の壊滅を狙う暴力団対策法が1992年に施行された。

公安委員会から「暴力団」と指定されたら、その組に所属する組員は、みかじめ料や用心棒代の要求、債権の取り立てなど27項目におよぶ行為を禁止される。暴力団への勧誘や周辺住民に不安を与える行為も禁止され、対立抗争に関わっていると指定されると事務所の使用を禁止された。

工事業者から〝上納金〟を取ることはもちろんできない。収入源を完全に断たれることになった。

「暴力団員には人権はないんか」

テレビ番組に出演した高山氏は、訴えつづけた。公安委員会の聴聞会にも積極的に出席した。ときには左翼の活動家と並んで公然と反対を唱え、一躍注目を集めた。

「暴対法反対を訴えるヤクザの代表・高山登久太郎」とのイメージが定着する。

もともと頭がいいし、勉強もしたのだろう。話すことがめちゃくちゃということはなく、鋭い弁説だった。「ヤクザは粗暴」「暴力団は日陰者」というイメージを払拭(ふっしょく)してしまった。

だが、注目を浴びれば、興味半分で取り上げられることが多くなる。

「知る人ぞ知る」存在だった闇社会の高山登久太郎は、「みんなが知っている（正確には知った気分になっている）」闇社会の高山登久太郎になってしまった。

当然、闇社会の秩序は荒らされていく。

関わっていた消費者金融業者の凋落と合わせて、高山氏はひそかに闇社会から去っていった。

闇社会を動かす会津小鉄会の金庫番

畠山忍氏も「京都五山」のひとり。私が京都に赴任したときには、すでに鬼籍に入っていた。「京都五山」の中で唯一、生前の姿を直接見ていない。「伝説の人」として思い出話を聞く程度だったので、どのような人物だったかは想像するしかない。

畠山氏は会津小鉄会の金庫番の役割を担っていた。単にカネの勘定をしたり、カネの工面をしていたのではない。

土木工事の仲介会社を経営するなど、企業経営を手がけた。現在の「企業舎弟」「フロント企業」のハシリだが、活動内容についてはよくわからない点が多い。

それまでは、博打の寺銭を集めたり、用心棒代を巻き上げたり、露天商をやったりというのが、一般的な「シノギ」だったが、そんなイメージを払拭しようとした。

金銭トラブルが発端となった揉め事があるたびに、「畠山が生きとったら、もっとうまいことやってた」という話をよく聞いた。

のちには「畠山がおったらバブル経済が崩壊しても、ちゃんと乗り切ってたんとちゃうやろか」という見方をする人さえいた。亡くなった人の話は、時が経つにつれて尾ひれがついて美化されがちではあるが……。

暴力団の財務はドンブリ勘定になりがちだ。会津小鉄会の財政基盤を固めることで、組織を引き締めて勢力の維持をはかろうとしたのは、当時としては斬新だった。

高山氏は「人」と「情報」で闇社会を制御した。

畠山氏は「資金」で闇社会を動かした。

5　大山進――京都乱開発の最大手ゼネコン

「地産」が進めた大文字山ゴルフ場計画

バブル期の京都は、この時とばかりに土建業者や開発業者が暴れ回っていた。ゴルフ場建設を軸にしたリゾート開発と、高層マンション建設に代表される住宅地開発がその両輪だった。

なかでも、大文字山（だいもんじやま）ゴルフ場計画は象徴的だった。

五山の送り火で知られる大文字山の北斜面に、18ホールのゴルフ場を建設しようという計画だった。リゾート開発業者の「地産（ちさん）」が1983年頃から進めていた計画で、198

8年に発覚して大騒ぎになった。

8月16日に送り火が点される「大」の文字の裏側が、一面のゴルフコースになるという衝撃的な計画だった。「あの大文字のすぐそばでゴルフができる」とあって、建設前から問い合わせが絶えなかったという。京都ブランドをちらつかせて、自然と伝統を破壊して儲けようという開発計画だった。

「大」の文字の火床のあたりは古都保存法（古都における歴史的風土の保存に関する特別措置法、1966年施行）で開発が規制されていた。しかし、それ以外は宅地開発が規制されているだけで、ゴルフ場開発はOKだった。

洛中は東側、北側、西側と三方を山に囲まれている。

「蒲団着て寝たる姿や東山」（服部嵐雪）とその美しさが詠まれている。「山紫水明」と呼ばれる由縁だが、ゴルフ場が造り放題という甘い規制しかかかっていなかった。

これには京都市民が猛反発した。「大文字を守れ」の大合唱となり、地産は計画を撤回した。

7階建てが景観破壊の「高層」マンションになる京都

山紫水明の山を破壊する計画はゴルフ場だけではなかった。

産業廃棄物を大量に投棄して、その上に大量の建設残土をかぶせて更地(さらち)にするという荒っぽい手口で開発する悪質業者が続出した。もちろん違法開発だ。

しかし、京都市がいくら警告しても「自分の土地をどうしようが勝手やがな」という理屈で無視。結局、九分どおり工事が済んでからようやくストップする。原状回復は不可能となり、一部を山林に戻すことを条件に開発が追認されてしまう。業者の「やり得」を認めることになり、ますます違法開発が広がっていくという悪循環がつづいていった。

破壊されたのは山紫水明の山々だけではなかった。

かつて比叡(ひえい)山の山頂から眺めた京都の街並みは「真っ黒」だったという。瓦(かわら)屋根の京町家が並び、ところどころに寺院の大屋根が浮島のようにそびえ立っていた。

そんな風景は一変しようとしていた。洛中はマンションやオフィスビルの建設計画が目白押しだった。京町家は四角いビルやマンションの下に埋もれ、東京や大阪と似たような街並みになろうとしていた。

１９９０年の手帳を見ると、マンション計画などへの反対運動の取材予定で埋まっていた。一部を抜粋してみよう。

▽４月
南区西九条蔵王町でマンション建設に反対する住民団体結成

▽６月
東山区清水道でマンション建設反対の審査請求

▽８月
東山区今熊野（いまぐまの）でマンション建設工事の中止求め仮処分申請

▽９月
東山区三条白川のマンション計画の開発許可取り消し求めて提訴

▽10月
中京区釜座（かまんざ）町でマンション建設排除のため憲章づくり

▽11月
中京区麩屋町笹屋町でマンション建設規制する地区計画検討
▽12月
東山区高台寺門前下のマンション建設反対で片岡仁左衛門や山田五十鈴らの反対署名を添えて計画変更の要望書を提出

マンション建設といっても、せいぜい6〜7階建て程度の計画だ。なかには4階建てワンルームマンションが「古都の景観と伝統ある街の雰囲気を壊す」として反対運動の対象になった例もあった。東京であれば反対運動が起こるような高さのマンションではない。京都では7階建ては、古都の景観を破壊する立派な「高層マンション」だった。

乱開発のシンボル「モヒカン山」

「ツルハシ握って三代目」がスローガン。
大山進氏はバブル経済が最も似合う人物だったかもしれない。

ちっぽけな建設会社を、京都で最大手のゼネコン「日本工業」に育てた立志伝中の人物……といえば聞こえはいいが、巨額な資金が動くビッグプロジェクトがあれば「大山が関わってるから……」と噂が飛び交った。そして、さまざまなトラブルを巻き起こすトラブルメーカーだった。

バブル経済とともに京都の土建業界のトップに躍り出て、バブル経済の終焉（しゅうえん）とともに凋落（ちょうらく）していった。いまでもバブルと聞くと、真っ先に大山氏の顔が浮かんでくるほどだ。

大山氏のえげつない開発工事の象徴が「モヒカン山」だった。

京都市左京区に一条山という高さ50メートルほどの里山があった。住宅街にぽっかりと浮かぶ浮島のような山で、地域に親しまれる貴重な自然だった。

風致（ふうち）地区（都市の自然景観を維持するため、都市計画法で定められた規制地区の一つ）だったものの市街化区域だったため、開発に厳しい規制がなく、山の中央部分を残すことを条件に住宅開発が許可されてしまった。

工事を請け負った日本工業は１９８２年頃から、条件を無視して一気に山を削り取ってしまおうと工事を強行した。京都市が中止命令を出して工事はストップしたが、時すでに遅し。山腹は皮むき器でひっかいたように削り取られ、頂上部分にわずかに木が残るだけの無残な姿になっていた。

まるでモヒカン刈りした頭のようになったことから、「モヒカン山」と呼ばれるようになった（写真）。

えげつなさは、これで済まなかった。

一条山を削って出た大量の土砂は、京都市右京区にあった「すりばち池」と呼ばれる所有者不明の池に持ち込まれた。

すりばち池には希少生物が生息しているといわれていたが、そんなことはお構いなしに池を埋め立ててしまった。加えて、所有者が不明であることをいいことに、日本工業の所有地にしてしまった。

一条山もすりばち池も、周辺の住民が異変に気づいて役所に通報している。しかし、住民を恫喝（どうかつ）し、役所にはのらりくらりと言い逃れをして、原状回復が不可能になるまで一気に工事を進めてしまった。

どれだけ美しい山でも、どれだけ貴重な生物が生息している池でも、原状回復が不可能になるまで工事をしてしまえば、それはもうただの更地だ。

周辺が止めようとしても短期間にぶっ壊してしまえば既成事実になってしまう。あとでどんな非難を浴びようが、結果的に開発工事は完結したことになった。いくら美しいとはいえ、山も池も、それだけでは経済的価値は知れている。更地になってこそ利用できるようになり、地価も上がる。大山氏は潰して埋めたことで、付加価値のついた土地を手に入れたことになる。

「モヒカン山」と呼ばれた一条山

なんともいいようのない、えげつない手法だった。「モヒカン山」こと一条山は20年近く、無残な姿をさらしつづけることになった。「京都の負の遺産としてこのまま永久保存してはどうか」と真剣に論議されたこともあった。見た目の奇抜さもあって「モヒカン山」は京都の乱開発のシンボル的存在になってしまった。

京都市がほぼ全面開発を認める再開発許可を出したのに対し、地域住民らが再開発許可の取り消しを求めて京都市開発審査会に審査請求をしていた。古都の開発行政が根本的に問われていた。

バブル経済は絶頂期を迎え、全国各地で乱開発が相次ぐなかで、「モヒカン山」の注目度は一気に高まっていた。

もちろん「モヒカン山」にしてしまった責任者は大山氏にほかならない。なぜそんな大胆でえげつない工事を平気でやろうとしたのか。ぜひ真意を聞きたい。

ただ、その大胆でえげつないやり口に「さぞ粗暴な男だろう」と思った。怒鳴りあげられて終わりというのも覚悟して、大山氏を訪ねた。

強面なのに能弁、垣間見える神経質さ

日本工業の本社ビルは、レンガ調の外壁の落ち着いた建物だった。ユンボやブルドーザーが無造作に置かれた荒れた雰囲気を想像していただけに、少し拍子抜けした。

応接室で向かい合った大山氏は、日焼けしたいかつい顔つきで、いかにも「土建屋の親方」という感じ。独特の威圧感があった。

一方で口調はとても丁寧。こちらが質問をするのを待ってましたとばかりにしゃべりは

じめた。建築業界のたたき上げの社長だ。しかも乱開発の張本人として批判の渦中（かちゅう）にある。さぞ寡黙（かもく）で強圧的だろうという予測は、冒頭から見事に裏切られた。

ただ、話は一方的だった。

「山の所有者である中山観光が、（日本工業の）下請けの工事業者と契約してやったことで、うちが知らない間にあんな工事をしてしまった」

「法律的にも問題がない」

「私が極悪非道のような批判を受けるのは心外だ」

自分の正当性を延々と話し、いろいろな非難を受けて自分の事業がいかに妨害されているかを間断なくまくしたてた。

大山進氏

開発許可の内容をこちらからあらためて説明をして、質問の中身を変えても、返ってくる話は同じ。こちらの話を本当に理解していないのか、意図的にはぐらかしているのか、よくわからない。

相手の懐にグイグイと入っていくようなしゃべり方だ。言葉遣いは丁寧なので人当たりもいい。強面なのにここまで多弁な人と会ったことがない。「これは新しいスタイルの人心掌握術ではないか」とさえ思った。

ただ、能弁さの裏に、神経質そうなそぶりが垣間見られた。

「案外気が弱いのかもしれない。大胆なやり口はその裏返しではないか」

大山氏の話を聞きながらふと思った。

住専、朝銀信組からえげつない資金調達

日本工業は1961年に創業。高度経済成長期の開発ブームで成長し、バブル経済期に多数の大型プロジェクトを主導して一気に京都最大手のゼネコンにのし上がった。

京都市の公共事業を数多く受注したほか、郵政省や住宅・都市整備公団など中央省庁、公団の工事も手がけた。また、京都以外に大阪府や東京都、神奈川県、滋賀県など全国の自治体の工事を幅広く引き受けていた。

加えて、バブル期には1000億円単位の大規模開発事業を次々と手がけ、1991年

には年商で420億円を稼ぎ出している。

バブルという追い風が吹いていたとはいえ、中小業者が短期間で最大手のゼネコンになるにあたっては、手段を選ばない「えげつない」手法が使われた。

「モヒカン山」はその象徴であるとともに、氷山の一角にすぎない。「日本工業が開発に入るとペンペン草も生えない」と言う人もいた。

「えげつなかった」のは開発工事だけではない。

カネの動かし方はもっと「えげつなかった」。

大規模開発には巨額の資金が必要となる。資金の調達も「えげつない」手法だった。いくらカネ余りのバブル期とはいえ、大手の金融機関は日本工業に多額の資金を融資してはくれなかった。

大山氏が頼ったのは住宅金融専門会社（住専）や朝銀信用組合だった。住専の大口融資先の一つが日本工業で、借り入れは数百億円におよんだ。

住専は個人向けの住宅ローンを専門に扱う会社で、銀行の子会社のようなものだった。貸し付けをしても預け入れはできなかった。預金を受け付けない住専のような金融機関が「ノンバンク」である。

バブル期には法人に巨額の融資をしたため、過剰貸し付けで莫大な不良債権を抱え、バブル崩壊後に軒並み経営破綻(はたん)した。政府が住専7社に公的資金６８５０億円を投入して破綻処理したため、日本中に非難が渦巻いた。

朝銀信用組合は在日韓国・朝鮮人を主な顧客とする民族系の信用組合で、バブル期には全国で38組合あった。こちらもバブル崩壊後に膨大な不良債権を抱えてしまい、次々と経営破綻した。

大山氏には、違法とされている手段で融資を受けた疑惑もあった。

預金者を紹介する見返りに融資を受けるいわゆる「導入預金」で、預金者が裏の利益を得たり、融資が焦(こ)げつく可能性が高いことから、法律で禁止されている。日本工業は、朝銀京都信用組合に預金者を紹介する見返りに無担保で融資を受けていたのではないかと警察の捜査を受けている。また、預かった手形を勝手に換金した疑いで逮捕されたこともあった。いずれも証拠不十分で起訴されなかったが、なりふり構わない錬金術に走ったようだ。

もちろん、手形の乱発は常套(じょうとう)手段だった。１００通以上の手形を乱発したこともあったという。

「きれいごとだけで仕事が取れるような世界やありません」

「奇策」に出たことがあった。

地元の住民たちが一条山の環境保全を訴えようと開催したシンポジウムの会場でのことだった。挙手して立ち上がり、自らマイクを握ったのだ。

シンポジウムの取材をしていた私は、会場の後方に座っていた大山氏に気がつかなかった。パネリストの討論が終わって、司会が参加者に意見を求めたとき、手を挙げて立ち上がった大山氏の姿に心底驚いた。

「世間をお騒がせしております、私が大山進です」

ただ、真実を洗いざらい話して謝罪すると考えた人は一人もいなかっただろう。

案の定、自分の正当性をしゃべりまくった。そのあげく、開発許可をめぐって政治家に金銭が動いたという「暴露話」のおまけ付きだった。

この人、何考えてるんやろ。

「一条山の工事については、工事の請負人の保証人というだけで、私は何も知りませんでした」

　これは以前に会社を訪ねたときに聞いた話だ。つづけてこう暴露した。

「こんなことをここで申し上げていいのかどうかわかりませんが、自民党の国会議員と京都市会議員におカネが動いた結果、京都市の再開発の許可が下りました」

　公開の場でここまではっきりと〝犯罪事実〟を話している。眉唾(まゆつば)ものと片づけるわけにはいかなくなった。

　地元の裁判所に詰める司法記者クラブの記者たちは、日本工業本社に大山氏を訪ねて、「政治家へのおカネ」の真意を質(ただ)した。

　大山氏はここでも饒舌だった。

　シンポジウムの席上では明かさなかった自民党の国会議員や複数の京都市会議員の実名を挙げた。

「渡した方からも受け取った方からも話を聞いているので、間違いないです。これは贈収(ぞうしゅう)賄(わい)です」

　と言い切った。金額は1億円を下らないといい「検察庁に呼ばれたら全面的に協力します」と自信たっぷりに話した。

なぜこの時期にこんな暴露作戦に出たのか。検察が本当に捜査をはじめたら、大山氏自身も日本工業も捜査対象になりかねない。そこまで考えているのか。

世間の非難をかわす奇策としか思えなかった。

政治家のカネの動きを暴露するわりには、大山氏自身の政治家への働きかけは派手だった。

自治体や国、住宅・都市整備公団などの公共工事に参入するための布石（ふせき）はあちらこちらに打っていたようだ。

「正面から入っていって、うちにも工事やらせてくださいと言ったって、やれるもんやない。きれいごとだけで仕事が取れるような世界やありません」

と、じつに正直に話していたこともあったらしい。

ただ、菓子折の底に現金を忍ばせて渡すというような露骨（ろこつ）なことはしていない。国会議員に「おカネを預けました」ということにして資金を手渡していた。議員から「預かり証」なるものをもらう見返りに「預かり金」名目で事実上資金を融通する手法だ。国会議員は「預かっただけだ」と言い逃れができるし、「保管していたカネは返した」と言えば違法とはならない。

日本工業もある国会議員に６０００万円超のカネを「預け」ていた。しかし案の定、「返した」「返してもらっていない」とトラブルになっている。

しぶとく生き永らえるバイタリティー

京都でバブルの恩恵を最も受けた人物だったかもしれない。しかし受けた恩恵は、バブルの終焉とともに仇(あだ)となって返ってきた。

バブル経済が崩壊したとたんに、たちまち事業も資金繰りも行き詰まった。住専やノンバンクからの多額の借り入れが、一気に財務状況を窮地に追い込んだ。

１９９６年には年商がピークの２割まで落ち込み、１９９９年には旧住専の不良債権を引き継いだ整理回収機構から、未回収の債権など３８０億円の返済を求めて提訴されてしまう。日本工業はそのまま休眠状態になってしまった。２００６年に負債総額３３３億円で京都地裁から破産手続きの開始決定を受けている。

バブル経済とともに膨らみ、バブル消滅とともに消えていった。

闇社会の人物というには少し異質で、その資金の流れはいまだに不明の部分が多い。しかし、京都の地下水脈をうまく利用していたという点で、闇社会の主役のひとりだったのだろう。

逮捕され、何度も窮地に追い込まれながらも生き永らえた。並外れたバイタリティーの持ち主だった。

ただ、闇社会で暗躍していたわりには神経質で能弁だったとの印象が強い。そのおかげで、命脈を保つことができたに違いない。

6　西山正彦――京都仏教会の名参謀

不動産業者と京都仏教会顧問という二つの顔

「京都五山」の中で最も若かったのが西山正彦氏だった。

そして「五山」のほかの4人とは少し異質な存在だった。

闇社会で暗躍というイメージが薄かったからだ。

不動産会社「三協西山」（のちにペキシム）の社長として、バブル期の不動産取引でひそかに動いていたというのであれば、文句のない闇社会の主役のひとりだっただろう。

しかし西山氏は、不動産業者の〝顔〟のほかに、京都仏教会顧問という〝顔〟も持っていた。

京都には、京都仏教会と京都府仏教連合会の二つの団体がある。京都府仏教連合会は東本願寺や西本願寺など、本山系の寺院が中心で、檀家を数多く抱える寺院が加盟している。一方で京都仏教会は、清水寺や金閣寺、銀閣寺といったいわゆる観光寺院がメインで、収入は拝観料などに頼る部分が多い。

西山氏は京都仏教会の顧問という立場を通じて、「お寺さん」と密接に関わり、スポークスマンとしてしばしば表舞台に登場した。「お寺さんと深くかかわると火傷する」という京都人の暗黙の了解を無視していた。

また、自分を批判した雑誌の出版社に対して、それが大手であろうが専門誌を出す中小の出版社であろうが、次々と名誉毀損で訴えた。そしていくつも勝訴している。

プライドが高く、自己顕示欲も強かったのだろう。マスメディアがどのように自分を報じているかについてはきわめて敏感だった。

「京都五山」のなかでは、露出度で群を抜いていた。京都仏教会の記者会見では会見場に姿を見せることが多かった。

ただ、マスメディアの人間と一対一で対面するのは避けようとしていた。京都仏教会の記者会見でも、仏教会幹部と並んで座って質疑に応じるのではなく、かたわらに立ったままで会見中は音無しの構え。会見が終わって、記者に囲まれると話し出すというスタイルだった。マスコミの扱いも手馴れていた。

「これは戦争と同じやから。やるか、やられるか」

何回か、西山氏の話を聞きたいと三協西山に連絡をとったことがある。山段氏も大山氏も予想以上にたやすく会うことができたので、「西山氏も簡単に会ってくれるだろう」とタカをくくっていた。

しかし、「多忙」を理由についに実現しなかった。私が西山氏と会ったことがあるというのは、あくまでも会見後のぶら下がり取材で話を聞くことができたというにすぎない。

西山氏も能弁だった。

ただ、ほかの「五山」とは少し違った能弁だった。

あれこれとしゃべりまくるのではなく、最低限の事実を確認するかのように言葉を選んで話すという印象が強く残っている。

だからといって、言葉数が少ないわけではない。よくしゃべる。しかし、あとでメモを読み返しても新しい事実はほとんどなかった。その能弁さを考えれば、たくさんの記者に囲まれていたから慎重だったというわけではないようだ。

１９９１年秋、京都ホテルの高層化建て替え計画に対し、京都仏教会が反対を打ち出したときも、「宿泊客の拝観拒否」という作戦を考え出したのは西山氏だった。仏教会の会見後、当然、西山氏は記者に囲まれた。


「歴史都市の景観を守りたいという坊さんたちの考えに共鳴しただけですわ」

「べつに特別な意図はありません。京都を守るために協力しているだけ」

「批判はあるかもしれんけど、大きなイメージダウンを相手に与えられる」

「これは戦争と同じやから。やるか、やられるか」

西山正彦氏

京都仏教会がニューヨーク・タイムズに意見広告を出したり、京都ホテルの取締役をつとめていた京都商工会議所の塚本幸一（もとこういち）会頭を高層化建て替え反対派に寝返らせたのも、西山氏のアイデアだ。

水面下での強力な働きかけが、功を奏したものだった。

見た目はスマート、話は理路整然の切れ者

京都仏教会の派手な動きの作・演出は、すべて西山氏だということはみなわかっていた。そして、不動産会社を経営する西山氏が何の意図もなく、ただ単に歴史都市の景観を守るためだけに動いていると思っている記者はひとりもいなかった。

それだけに、西山氏の隠された意図をなんとか探り出そうとしていた。記者のあいだでは「世間知らずの僧侶に取り入って、寺院が絡む不動産取引で儲けようとしているのではないか」とか「有名寺院の名前を隠れ蓑（みの）にして、役所や企業と闇取引しようとしているのではないか」と想像が膨らんでいった。

しかし、はぐらかすわけでもなく、隠すわけでもなく、西山氏は「建て前と原理原則」だけを能弁に語った。

他社の記者がいるなかで、なかなか独自の質問を突きつけることはできない。西山氏は

そんな記者の習性を見透かしたうえで、一対一の面談は極力避けていたのかもしれない。若くて、見た目もスマートだった。

話も理路整然として、頭は切れた。

西山氏は中学、高校時代を京都市内の私立校で過ごし、成績はトップクラスだったという。成績がいいことを鼻にかけることはなく、いつも低姿勢で人望もあった。中高時代を知る人は「どこか人を引きつけるような魅力があった」という。

不動産経営と聞くと、一般人は胡散臭さやギラギラと脂ぎったものを感じるが、西山氏はそれを感じさせない独特のオーラを出すことに腐心していたように見えた。

京都人の多くが「お坊さんと組んで何をするつもりやろか」と思いながらも「役所や大企業に立ち向かうお坊さんを応援する人」というイメージを持っていった。

古都税をめぐる今川市長との密約テープを暴露

そんな西山氏が、何がきっかけで仏教界とつながりを持ったのかははっきりしていない。

あるトラブルを解決するために、「五山」の一人でもある日本工業社長の大山進氏を介して京都仏教会の幹部と親しくなっていった、との説があるが、定かではない。

西山氏と京都の仏教界との関わりが初めて表沙汰になったのは、１９８５年に発覚した「大雲寺梵鐘事件」だった。

9世紀に鋳造されたとされる、大雲寺所蔵の国宝の梵鐘が行方不明になった事件だ。相国寺の美術館で突然見つかり、西山氏が「梵鐘は大雲寺への融資の担保だ」として所有権を主張した。西山氏は文化財保護法違反に問われた。

数奇な運命をたどった梵鐘が、なぜ西山氏の所有物となってしまったのか。西山氏は起訴猶予となり、梵鐘の所有権が確定されていないのに西山氏が所有権の確認を求めて提訴していた訴訟をすべて取り下げてしまったため、真相はいまだに闇の中だ。


同じ頃、京都市が有名社寺の拝観料から徴税しようとした「古都税」をめぐり、京都市と京都仏教会のあいだで紛争が起こる（8章参照）。

西山氏は仏教会の参謀役として一躍「主役」に躍り出てしまった。

西山氏のアドバイスを受けた仏教会は、拝観停止の強硬手段に打って出た。有名寺院が相次いで門を閉めてしまったため、観光地は大混乱におちいる。門前町の商店主から猛抗議が起きただけではなく、京都観光の目玉が失われたことから、全国的な大事件になってしまった。

水面下で動いた西山氏は、当時の今川正彦（いまがわまさひこ）市長と密約を交わして電撃和解を実現。その後、今川市長とのやりとりを録音したテープを暴露した。

テープには、古都税を骨抜きにする解決策の相談や、市長の再選への協力を絡めた裏取引など、西山氏と交わした会話が含まれていた。

市政与党だった自民、公明、社会などからも「恥を知れ」というような厳しい批判を受け、今川市長の求心力は一気に低下。古都税を取り下げ、目指していた市長三選も断念せざるを得なかった。

梵鐘事件といい、古都税紛争といい、いかにも京都らしい事件であり、京都の仏教界と西山氏のただならぬ関係を象徴することとなった。

何が目的だったのか、何を狙っていたのか。

いまだに西山氏の真意は不明のままだ。

当時、京都でまことしやかに流れていた噂がある。

【プライドくすぐり説】

世間知らずの僧侶たちが西山氏を通じて、「政治」をうまく利用すれば自分たちの存在をよりアピールできることを知ってしまったのではないか。一方で、西山氏は京都の宗教的な権威を利用して自らのプライドを高めることができた。

【荒稼ぎ指南説】

税金とは無縁の宗教法人として活動する寺院は、そもそも金銭的な感覚が薄い。不動産業を営む西山氏は、有名観光寺院に「稼げる手段」を教授し、僧侶たちもそれに乗っかったのではないか。

【スキャンダル隠滅説】

僧侶はわきが甘い。世間に知られたくないスキャンダルを抱えてしまうと、特に有名寺院に関わる僧侶は絶対に隠し通したい。西山氏は僧侶たちがひそかに抱えるさまざまなスキャンダルを握っていたのではないか。

京都では白河(しらかわ)天皇の時代から「信仰以外でお寺さんとは深く関わらない」が鉄則だった。平安時代には、退位した天皇が仏門に入って法皇となり、院政を敷いて天皇を上回る権力を持ちつづけるケースが相次いだ。「寺」が権力の隠れ蓑になった。

また、比叡山の僧兵に代表されるように、大寺院は武装勢力を持ち、場合によっては武士を上回る戦力を持っていた。僧兵が大挙して朝廷や役所に押しかけ、無理やり要求を通すことがたびたび起きている。

お寺さんと組んだり歩調を合わせると、とんでもないトラブルに巻き込まれかねない。京都の長い歴史が示していた。

西山氏はそこへあえて入り込んでいった。特異な存在だった。

銀座をもしのぐ京都の地価高騰

バブル経済期の京都の地価は異常だった。

京都市内の中心地である四条河原町（京都市下京区）付近の公示地価で、その異常さを見てみよう。

1980年頃の公示地価は1平方メートル当たり200万円程度だった。しかし、1985年に500万円、1987年に1000万円、1989年には2400万円まで急騰。ピークの1991年には、なんと3000万円に達した。10年間で、じつに15倍も跳ね上がったことになる。

地価高騰の象徴のようにいわれた東京・銀座はどうだろう。

1980年の銀座5丁目公示地価は、1平方メートル当たり520万円だった。ピーク時の1991年は2600万円で、10年間の値上がり幅は5倍だった。

京都・四条河原町の地価の値上がりは銀座を大きく上回っており、全国トップ級の異常な高騰だったことがわかる。

バブル絶頂期の銀座では、タクシーがなかなかつかまらず、道路のあちらこちらでタクシーチケットや1万円札を振りかざしてタクシーをつかまえようとする客があふれたという。

一方の四条河原町では、そんなに苦労せずともタクシーをつかまえることができた。観光地だからもともとタクシーの台数が多かったという人もいるが、

「東京みたいに、道端でチケットやら1万円札を振り回すようなあんな恥ずかしいことできますかいな。誰が見てるかわからへんのに」

という京都人が多かったのを思い出す。

京都人のプライドの高さと、京都のブランド力の強さが、そのまま中心地の地価高騰に反映されたのかもしれない。

土地転がしが生んだ天国と地獄

西山氏の本業の不動産業は、バブル経済に乗って絶好調だった。

数年で地価は2倍にも3倍にも値上がりした。洛中のまとまった土地を持っているというだけで、ノンバンクはろくに審査もせずにいくらでも融資した。

土地を転がしていくだけで何十億円も利益が上がった。西山氏は１９９７年に1億１１９６万円の所得税を納め、京都府内で第17位の高額納税者になっている。不動産業の西山として絶頂期だっただろう。ちなみに、この年の第1位は任天堂社長の山内溥（やまうちひろし）氏で、7億４７１９万円を納税している。

ただ、それはバブルのメッキに覆われていた。

西山氏は、住宅金融専門会社（住専）から200億円近い資金を借り入れていた。その9割近くはバブル崩壊後の地価急落で焦げ付いており、いわば「ハリボテ」の利益だった。

三協西山から社名が変わったペキシムは、天国と地獄を同時に見ることになった。

皮肉にも高額納税17位を記録した1997年に、住専から債権を引き継いだ住宅金融債権管理機構（のちに整理回収機構）から貸付金200億円の返還を求めて提訴された。京都仏教会の参謀役として「京都を守る」と華々しくぶちあげた姿は、あっという間に過去のものとなってしまった。

西山氏は京都の不動産市場に巨額の資金を注ぎ込んだとはいえ、京都の地価暴騰が西山氏ひとりの仕業というほど単純なものではない。しかし、西山氏が市中に投入した資金が、異常な高騰に弾みをつけたのは間違いない。

「西山氏は自分の不動産取引に直接お寺さんを利用することはなかった。しかし、異常な巨額取引から世間の批判をかわすために、お寺さんを担いだだけなのではないか」と指摘する人がいた。

「西山は稀代の知恵者やで。常識的な見方をしてたらほんまの姿は見えてこんよ」

7　闇社会が喰い散らかした近畿放送（ＫＢＳ京都）

泥沼に引きずり込まれた京都ローカル局

私が京都の闇社会を覗（のぞ）き込むきっかけになったのは、「近畿放送」（現京都放送）だった。

近畿放送は、京都府と滋賀県をエリアに持つローカル放送局で、ラジオ放送とテレビ放送の両方をおこなっている。地元では「ＫＢＳ京都」の愛称で知られていた。

ラジオとテレビの両方をおこなう地方ローカル局は珍しい。

もともとは京都の地元紙・京都新聞社が出資して設立した放送局。京都新聞社の社主である白石家が実質的なオーナーだった。

全国的に見れば小さなローカル局だったが、日本のテレビジョンの歴史のなかでは注目を集めつづけた。

１９７０年代には、日本初のチャリティーキャンペーン番組を放送したり、交通事故遺児支援の長時間の生放送番組をはじめるなど、社会性の高い斬新（ざんしん）な企画をいくつも打ち出した。「さすが京都のローカル局だ」と評価を受ける。

一方で、バブル期には闇社会の泥沼に引きずり込まれた。散々に喰い散らかされて経営破綻し、１９９４年に日本の民間放送局では初めて、事実上倒産してしまう。「やっぱり京都のローカル局には底知れない怖さがある」と負の評価がついてしまった。

１９８９年６月、株主総会の異変

私が京都に着任する前から、近畿放送は親会社の京都新聞社の「お家騒動」に巻き込まれていた。お家騒動が番組の中身や放送局自体の経営に影響を与えるかもしれない。京都に支局や支社を構えるマスメディア各社は、「近畿放送監視役」「闇社会担当」の記者をひそかに配置していたようだ。

信用調査会社に経営状態を聞いたり、警察や役所、地元企業で噂を耳にしたり、ときには近畿放送や京都新聞の記者からこっそりと社内の雰囲気を聞いたりしていた。大っぴらに取材活動ができるわけではないし、取材したことをそのまま報道することもめったになかった。

街に流れている噂や、どこまで本当なのかよくわからない情報をときおり報告書にまとめて、支局長や支社長に提出していた。その報告書が社内でどのように共有され、利用されているのかもわからなかった。

どのような行きがかりだったのか記憶が定かではないが、いつの間にか私もその「特命係」になっていた。

1989年6月。

近畿放送で株主総会があった。

総会では1年間の経営状況についてのデータが示される。放送局も含めて、メディアの経営内容はなかなか表に出てこない。その点で、株主総会はデータが公表される貴重な機会だった。

軽い気持ちで近畿放送の本社に向かい、広報担当者に依頼して株主総会の資料をもらった。先方も特に隠すとか、もったいぶるといった様子は一切なく、同業他社に自分たちの会社のことを知ってもらおうという程度の感覚だったと思う。

パンフレットのような縦長の資料のページをめくって、役員人事の項目に目が留まったとき、思わず「何やこれは」と声を上げそうになった。

・新社長に画廊経営者が就任
・新役員に多数の人物が就任
「協和綜合開発研究所社長」
「キョート・ファンド社長」
「キョート・ファイナンス社長」
「関西新聞社社長」
・内田和隆（うちだかずたか）社長は副社長に降格
・田渕良秋（たぶちよしあき）副社長は専務に降格
・出口常太郎（でぐちじょうたろう）専務は常務に降格

それまでは京都新聞社をはじめ、地元の金融機関、地元の有名企業の出身者が役員をつとめていた。画廊経営者が突然社長に就いたり、聞いたこともないような「洛外」の企業や団体の人間が大量に役員に就任していた。

それ以上に異様なのは、社長が副社長に降格するだけでなく、副社長が専務に、専務が常務にと、役員が軒並み降格したことだった。従来の役員が一掃されたわけではない。このような珍妙な役員の人事異動を見たのは初めてだった。

当時は、イトマン事件についても、闇のバブル紳士たちについても、ほとんど知識がなかった。小学生が突然、微分積分の応用問題にぶち当たったようなものだ。

そんな鈍感な私でさえも「これは何か大変なことが起こっている」と感じた。公共の電波を預かるマスメディアとは到底思えないような役員人事だった。

闇のバブル紳士たちのオールスターキャスト

このとき、近畿放送の新役員に就任した人物をあらためて列挙してみよう。

・福本邦雄氏（画廊「フジ・インターナショナル・アート」経営）
「永田町のフィクサー」といわれ、中曽根康弘氏、竹下登氏、宮沢喜一氏、安倍晋太郎氏らの政治団体を主宰した。

・伊藤寿永光氏（協和綜合開発研究所社長）
のちにイトマンの常務に就任。イトマン事件を主導し、特別背任容疑で逮捕された。

・坂根義一氏（キョート・ファンド社長）
キョート・ファンドの会長は山段芳春氏。京都自治経済協議会専務理事で山段氏の腹心といわれた。

・湊和一氏（キョート・ファイナンス社長）
キョート・ファイナンスの会長は山段芳春氏。山段氏の影響力が強い京都信用金庫の元支店長。

・池尻一寛氏（関西新聞社社長）
関西新聞は大阪の夕刊紙。実質オーナーは許永中氏で、韓国の経済ニュースなどを売り物にしていた。

・内藤武宣氏
元毎日新聞記者。竹下登氏の娘婿で、竹下氏の元秘書。福本氏が自分の側近として就任させた。

・野村雄作氏
「大阪のフィクサー」といわれた野村周史氏の長男。渡辺美智雄氏の秘書もつとめた。

闇のバブル紳士たちのオールスターキャストといってもいいだろう。よくもこれだけの〝大物〟をそろえたものだと、いまさらながら感心してしまう。

もっと異様だったのは株主だった。

資本金が倍増されて20億円になっていた。これで株主の構成が大きく変わっていた。

それまでは京都新聞社が筆頭株主だったが、キョート・ファイナンスが取って代わって筆頭株主になっていた。

ノンバンクが突然放送局の筆頭株主になる。違和感を通り越して、不気味さを感じざるを得ない。

加えて、ＫＢＳびわ湖教育センター（近畿放送の系列会社でオーナーは許永中氏）や、関西新聞社といった「なぜこんなところが増資を引き受けるのか」といった企業が突然大株主として登場していた。

とにかく、闇社会の入門編をかじりはじめたばかりの私には、あまりにもレベルが高すぎた。

福本邦雄氏

地面の下で何が起こっているのか何もわからないまま、近畿放送の役員人事と株主の変動についてその事実だけを淡々と報道した。

そしてその反応に驚いた。

メディアへの反応というと、共感であれ反発であれ、電話や投書が次から次へと殺到することだが（現在ならネットへの投稿が急増することだろうが）、このときはまったく様相が異なった。

面識のない人や見ず知らずの人から「少しうかがいたいことがあるのですが……」というような「問い合わせ」がつづいたことだ。こちらの反応を探るかのようにひっそりと、

「なぜ福本が京都の放送局に乗り込んできたんですか？」

「竹下（登）と近畿放送はどんな関係なんですか？」

「山段の狙いは近畿放送の乗っ取りだと考えてよいのでしょうか？」

いまならきっちりとお答えしただろうが（もちろん話せない部分は区別して）、当時は相当トンチンカンな受け答えをしたに違いない。

好むと好まざるとに関係なく、京都の闇社会に引きずり込まれていくことになった。

イトマン事件とＫＢＳ京都

近畿放送事件は、許永中氏や伊藤寿永光氏が主導したイトマン事件の一環として語られることが多い。近畿放送に関わった人物は、多くがイトマン事件と関係した人物と重なっている。ここで簡単にイトマン事件について触れておきたい。

イトマン事件は１９８０年代後半から１９９０年代初めにかけて、大阪の中堅商社・伊藤萬（のちにイトマン、現日鉄物産）を舞台に繰り広げられた大規模な不正経理事件。住友銀行出身の元社長・河村良彦（かわむらよしひこ）氏、元常務・伊藤寿永光氏、許永中氏が特別背任容疑で逮捕され、有罪判決を受けた。

絵画取引や実現可能性の薄いゴルフ場開発計画などで多額の資金をイトマンに投資させ、多大な損害を与えたとされる。住友銀行からイトマンを介して闇社会に流れていった資金は３０００億円を超えたといわれ、いまだにその資金の行方はわかっていない。

創業１００年を越える名門商社だったイトマンは、闇のバブル紳士たちに喰い散らかされたあげく、多額の負債を抱えることになり、あえなく経営破綻した。骨をしゃぶるどころか、骨の中の髄液(ずいえき)までしゃぶり取られ、最後はポイと捨てられた。

1993年に住金物産（現日鉄物産）に吸収合併されることが決まったとき、大阪市中央区にあった本社で取材した。集まっていた社員の憎しみと悔しさが入り交じったような視線を、いまでも昨日のことのように思い出すことができる。とても正視できなかった。

近畿放送は146億円に上る巨額債務を抱えて事実上倒産したが、この債務はゴルフ場開発やリゾート開発をめぐる融資を受けたことから発生している。債務の処理にあたって、許氏や伊藤氏らが大きく関わっていた。

京都だからこそ起きた事件なのか

ローカル局とはいえ、メディアが社会に与える影響は計り知れない。近畿放送には個人的に親しい記者が何人かいた。真摯(しんし)に報道の仕事に取り組む彼らの悔しさややり切れなさは、いかばかりだったか、想像に難(かた)くない。

一連のイトマン事件では多くの企業がバブルの喰い物にされたが、近畿放送は報道機関が喰い物にされたという点で、他の企業のバブルをめぐる事件とは意味合いが異なる。放送局としては日本初の事実上の倒産に追い込まれたという点だけでも、重く受け止める必要があるだろう。

ただ、ほかの都市で同じように放送局が闇社会の喰い物にされる可能性があったかと問われると、大きな疑問符がつく。調べていけばいくほど「京都だったから起こった」と思わざるを得ない点が浮かび上がってきた。

京都の闇社会が健在だったからこそ、近畿放送は喰い散らかされたといっても過言ではなかろう。

山段芳春氏の章でも触れたが、山段氏と直接面談しなければならなくなったのは近畿放送について聞きたかったからだ。役員構成から見ても、株主構成から見ても、キーマンは山段氏だった。

山段氏は当時、近畿放送の親会社である京都新聞社と深く関わっていた。近畿放送の経営破綻の源流はここにあった。

京都新聞社は京都府と滋賀県を主なエリアにしている地域紙で、京都府内では全国紙を抑えて圧倒的なシェアを誇っていた。

朝日新聞、毎日新聞といった全国紙は、大阪を創業の地としている。近畿地方では大阪で発刊される全国紙のせいで、なかなか地元紙が普及・拡大しなかった。その点で京都新聞が絶対的なシェアを占める京都は、特異なエリアになっていた。

「洛中のことは洛中で始末をつける」との京都の掟がメディアにも当てはまるとまではいわないが、京都の人たちにとって地元紙の存在は特別なものであるに違いない。

発端は巨額負債をめぐるお家騒動

戦後の新聞人として名を馳せた白石古京氏が現在の京都新聞グループを築き上げた。古京氏が社長時代に創設したのが近畿放送だった。地方紙としては初めて日本新聞協会の会長に選任されたほか、日本民間放送連盟の役員をつとめるなど、日本のメディア界では大きな業績を残している。京都の風土や歴史も関係したのだろうが、地方紙としてレベルの高い報道を確立させた。

一方で、社主として白石家が君臨したことが、のちのちの「騒動」の火種となった。

古京氏の後継として長男・英司氏が、京都新聞社と近畿放送の社長に就任した。英司氏は在任中に急逝してしまうのだが、遺産相続の手続きのなかで調べていくと、関連会社や

郵便はがき

切手をお貼りください。

102-0071

東京都千代田区富士見一－二－十一
KAWADAフラッツ一階

さくら舎 行

住所	〒 都道府県		
フリガナ		年齢	歳
氏名		性別	男 女
TEL	（ ）		
E-Mail			

さくら舎ウェブサイト www.sakurasha.com

愛読者カード

ご購読ありがとうございました。今後の参考とさせていただきますので、ご協力をお願いいたします。また、新刊案内等をお送りさせていただくことがあります。

【1】本のタイトルをお書きください。

【2】この本を何でお知りになりましたか。

1.書店で実物を見て　2.新聞広告(　　　新聞)
3.書評で(　　　)　4.図書館・図書室で　5.人にすすめられて
6.インターネット　7.その他(　　　)

【3】お買い求めになった理由をお聞かせください。

1.タイトルにひかれて　2.テーマやジャンルに興味があるので
3.著者が好きだから　4.カバーデザインがよかったから
5.その他(　　　)

【4】お買い求めの店名を教えてください。

【5】本書についてのご意見、ご感想をお聞かせください。

●ご記入のご感想を、広告等、本のPRに使わせていただいてもよろしいですか。
□に✓をご記入ください。　□ 実名で可　□ 匿名で可　□ 不可子会社を次々と設立してゴルフ場開発に乗り出すなど、巨額の不動産投資を手がけていたことが判明した。

投資の失敗で発生した簿外債務は１００億円近かった。

英司氏の後に近畿放送の社長に就任したのが、英司氏の右腕といわれた内田和隆氏だった。内田新社長は、英司氏が残した巨額の借財を急いで処理する必要に迫られた。しかしその処理の仕方をめぐって、故英司氏の妻とのあいだで争いが起こり、創業家と経営者の間の「お家騒動」に発展してしまう。闇社会が入り込むきっかけになってしまった。

内田新社長は親会社の京都新聞社に頼らず、自力で処理しようと考えていた。巨額の債務をなんとかしなければ、自分自身が故英司氏との連帯責任を問われて社長の座を追われてしまう。近畿放送社長は親会社の京都新聞社の意向次第だ。

一方で英司氏の妻は、夫の死去によって京都新聞社の大株主になっていた。大株主である自分と親会社の意向を無視して、勝手に動き出す内田新社長に我慢できなかったのだろう。

内田社長は焦（あせ）ったに違いない。屈服（くっぷく）してしまっては、近畿放送は当然のこと、京都新聞グループからも追い出されることになってしまう。それだけは避けたかったのだろう。山段氏に急速に近づいていった。一方で故英司氏の妻は、山段氏を遠ざけるようになっていった。

許永中人脈をフル活用した山段

内田社長が頼ったのが山段芳春氏だった。できる限り穏便に始末したい。かといって、100億円近い借財の処理を簡単に引き受けてくれるようなところはなかった。

内田氏がどのように山段氏と接触したのか、もしくは以前から知り合いだったのかは不明だが、故英司氏の不始末の処理を闇社会に委(ゆだ)ねてしまった。

山段氏は京都信用金庫や京都銀行と「太いパイプ」を持っていた。しかし100億円は、まともな金融機関を頼るにはあまりに巨額すぎた。

すでに書いたように、私が山段氏に初めて面談したのは、まさにこの頃だった。山段氏が自信たっぷりに言い切っていたのをはっきりと記憶している。

「KBSは京都新聞との関係でおかしなことになっていたが大丈夫や。あんじょうやる。

心配せんでええ」

「正常になったらうちは手を引く。ＫＢＳを経営する気持ちは全然ない」

このとき、山段氏は京都新聞社と近畿放送の関係を延々と話していた。そこには「京都で起きるトラブルや争いは俺が仕切る」という意気込みさえ感じた。

京都を代表するマスコミにどれだけ自分が喰い込んでいるか、そしてそのメディア人がいかに自分を頼ってきているか。山段氏の絶頂期だったかもしれない。

ただ、山段氏のとった手段は、「洛外」に頼ることだった。山段氏は、イトマン事件の中心人物となる許永中氏に相談していた。

山段氏はこの時点で、「洛中のことは洛中で始末をつける」という京都の掟を破ってしまった。それだけではない。当時、水面下で進んでいたイトマン事件の渦中(かちゅう)にもろに巻き込まれることになってしまった。

まず、山段氏が手がけたのは、近畿放送と京都新聞社を切り離すことだった。

許永中氏

社長の首はすげ替えるが、内田氏は副社長として残さなければならなかった。自分の意向に反抗する役員がいてはまずいから、自分と許氏の意に沿う人物で固めなければならなかった。

筆頭株主が京都新聞社のままではダメだ。そこで、倍額増資をして増資分の大部分を自らが経営するキョート・ファイナンスで引き受け、筆頭株主になった。株主総会のときに「なぜこんな増資をして株主構成を大きく変えたのか」と疑問だった。その答えは「山段氏が自らの絶大な影響力を確保するため」だった。

次に、巨額の債務をなんとかしなければならなかった。

いくら山段氏が地元の金融機関と強い結びつきを持っているといっても、まともな金融機関から簡単に引っ張ってくることができるような金額でないことは明白だった。洛外に頼らざるを得ない。京都の闇社会から飛び出さざるを得なかった。

許永中人脈をフルに活用することになった。

ゴルフ場開発で巨額の債務を抱えていた近畿放送の子会社「ＫＢＳ開発」に対して、東京のノンバンク、ダイエーファイナンスが１４６億円を融資してくれることになった。段取りはすべて許氏がつけた。

ただ、その融資には近畿放送の命脈を断ち切りかねない条件がついた。

驚くなかれ、担保として近畿放送の本社ビルや放送機材に根抵当権を設定することを求められたのだった。

もし返済できなければ、不動産はもちろんのこと、放送局の命である放送機材まで持っていかれることになる。命を担保にしたようなものだ。

それにもまして問題なのは、放送事業は郵政省（当時）の免許が必要だったことだ。

放送機材まで担保にした放送局が、公正な放送を安定的につづけていくことができると見られるわけがない。事と次第によっては、免許が取り消されてしまう。たとえ競売にかかるような事態におちいらなくても、電波を止めざるを得なくなる危うさを抱えることになった。

資本金20億円の企業にとって、１４６億円の融資がどのような重みを持つか、素人でも容易に想像がつく。

もっとまずかったのは、この担保の提供は、取締役会の了承もなく内田社長の独断でおこなわれたことだった。いや、内田氏は単なる操り人形で、山段氏と許氏がすべて指示してやらせたことだった。

近畿放送はすでに、企業としての正常な機能を奪われていた。

「掟」破りの政治家頼み

根抵当権が設定されたのは1989年6月。それを待っていたかのように株主総会で役員人事が認められた。

私はまさに「近畿放送経営破綻」の序章に立ち会っていたことになる。もちろん、そんな大変なことが起ころうとしているとの自覚はまったくなかったのだが……。

ここからはさすがの山段氏も想定していなかっただろう。許氏はこの融資を契機に、近畿放送を骨の髄までしゃぶり尽くそうとしてきた。

許氏は数多くの企業を経営していた。その運営資金に充てるため、近畿放送に手形を振り出させたり、近畿放送の関連会社が振り出した手形に裏書（うらがき）（不渡りの場合、支払い債務が生じる）させたりしていた。その総額は60億円以上に上った。

手形の乱発で次々と資金を生み出していくのは、バブル期の許氏ら闇社会の紳士たちの常套（じょうとう）手段だった。そしてその「生け贄（にえ）」になった企業はすべてをしゃぶり尽くされて、しやぶるものがなくなればボロ雑巾のように捨てられる運命にあった。

また思い出してほしい。

京都の掟のもう一つは「決して政治家を当てにしない」だった。近畿放送をめぐる一連の事件は、この掟も破ってしまった。

内田和隆氏に替わって社長に就任したのは、画廊を経営している福本邦雄氏だった。

「画廊を経営しているおっちゃんが、なぜ放送局の社長に？」という素朴（そぼく）な疑問はすぐ解けた。

画廊の経営はあくまでも世を忍ぶ仮の姿。中曽根康弘氏、竹下登氏ら歴代首相にきわめて近く、政治団体の代表をつとめたり、会計責任者として派閥の金庫番を預かるなどして、戦後の保守政界に幅広い人脈を築いていた。

父親は戦前の日本共産党の指導者として「福本イズム」を提唱した福本和夫（かずお）氏で、邦雄氏自身も共産党に入党した経歴を持っていた。中央政界に築いた人脈と金脈は強固で、有力政治家を動かすことができる「戦後最後の政界の大黒幕」といわれていた。

福本氏は社長への就任にあたり、竹下氏の娘婿で元新聞記者の内藤武宣氏を常務取締役社長室長にすることで足元を固めている（余談だが、内藤氏はタレントのＤＡＩＧＯ氏の父親である)。

福本氏を社長に招請したのはもちろん山段氏。政治家からの無用の干渉を排除するためとの見方もできるが、やはり福本氏を通じて政治家の影響力を期待しての招請だったのだろう。

許氏を通じた地下金脈に加え、福本氏を通じた地下人脈で、京都の事件が全国とつながってしまった。

山段氏は誤算を犯してしまったのか。

それとも洛外の力を使わなければならないほど追い詰められていたのか。

いまとなっては推測するしかない。しかし山段氏の思惑とは関係なく、バブル経済の崩壊とともに、事態は坂道を転がり落ちるように悪化していった。

骨までしゃぶられ孤立無援で崩壊

「心配せんでもええ」という山段氏の言葉は、1年ともたなかった。近畿放送の債務146億円の返済のメドはまったく立たなかった。

それればかりか、イトマン事件との関わりが少しずつ明らかになってくると、そこに群がる怪しげな人物たちが浮き彫りになり、一般人をますます遠ざけていくようになっていた。

１９９１年に入ると、近畿放送はどんどん窮地に追い込まれ、迷走をはじめる。

福本社長や内田副社長が「根抵当権抹消のために努力している」「近いうちに抹消に向けてメドをつける」といくら発言しても、信じる人はいなかった。それればかりか、発言が伝わるたびに「一時しのぎの言葉しかないほどひどい状態に違いない」と、逆に取られる始末だった。

山段氏が頼りにしていた許氏は、足元が崩れはじめていた。国内で50社を超える関連会社を経営していたが、バブル経済が下り坂に入ってくるとたちまち資金繰りに窮してきた。

１９９１年には、オーナー会社の関西新聞社が不渡り手形を出して倒産した。つづいて、許氏が経営に深く関わっていた近畿放送の子会社「国際教育アカデミー（旧ＫＢＳびわ湖教育センター）」も２００億円の負債を抱えて倒産した。

国際教育アカデミーは近畿放送社員の研修や文化教室の運営などを業務としていたが、裏側ではイトマンに絡む絵画取引やゴルフ場開発計画に関わり、イトマン振り出しの手形の裏書をしていた。許氏が得意としていた手形の乱発や関連会社間での手形の裏書では、もはや窮地を乗り切ることができなくなっていた。

イトマン事件に巻き込まれた近畿放送に対して、地元の京都はどんどん冷めた目で見るようになっていた。「地元の放送局をなんとか守っていきたい」と口にはするものの、行政も企業もややこしい話から距離を置こうとしているのは明らかだった。

行政、経済界を問わず、この頃は「ＫＢＳに何かできないんですか？」と取材相手に聞くのが習慣になっていた。

最も冷たかったのは地元財界だった。

「こっちから何かするということはない」ときっぱり答える人ばかり。地元金融機関の関係者に質問をぶつけると「そんなこと俺に聞くな」と露骨に嫌がられた。ただ周囲に誰も聞いている人がいないとわかると「そんなややこしい人らと同じやと思われたらかなわんのや」と声を潜(ひそ)めた。

その点で行政は「民間企業の経営に口を挟むことはできない」という大義名分がある。むしろ思っていることをストレートに話してくれた。

ある京都市の幹部はこんなことを口にした。

「マスコミのみなさんとはうまいことやっていきたいから、(たとえ破綻状態の近畿放送でも）知らん顔はしたくない。せやけどいまは『あの人は味方や』と思われるのが怖い」「外からヘンな連中を引っ張り込んだんやから自業自得。潰れても仕方ないでしょう」

京都新聞の記者や近畿放送の記者は、表面上は何もないように装っていた。話題にすれば「現場の人間には迷惑や」と話したが、それ以上のことは口にしなかったし、神経質になっているのは手に取るようにわかった。

１９９１年３月には、事件の原因をつくった内田氏が副社長を引責辞任した。近畿放送は「内田副社長は、根抵当権を抹消できなかった責任を取って辞任した。このまま抹消できなかったら、背任で告訴するかもしれない」と言明した。

「(内田副社長は）警察か検察に呼ばれたのではないか。近畿放送は内田ひとりに全責任を負わせるつもりだろう」という噂が流れた。

しかし、事態はそんな程度で済まなくなっていた。

司直の捜査の手が伸びていることを察したのだろう。５月30日の臨時取締役会で、福本邦雄社長が辞意を表明した。そして察しのとおり、５日後には大阪地検特捜部が近畿放送を捜索した。

つづいて常勤役員が総退陣を表明したのに加えて、関西電力、大阪ガス、阪急電鉄、京阪電鉄、近畿日本鉄道の5社が「事件が複雑化していて、これ以上責任が持てない」との異例の理由で、非常勤役員を辞退すると表明した。

近畿放送はガラガラと音を立てて崩壊していった。

すでに山段芳春氏の影は見えなくなっていた。

山段氏が経営するキョート・ファイナンスはすでに、大阪地検特捜部の捜索を受けていた。なによりも、キョート・ファイナンス自体が多額の焦げ付きを抱えて苦しい経営を強いられていた。

もう許氏の支援を受けることはできなくなっていたし、頼みの京都信用金庫も京都銀行も距離を置いていた。

闇社会に散々に喰い散らかされた近畿放送は、闇社会からあっさり見捨てられた。ここからは闇社会と関わりなく、再建への道を模索していった。

ただ、放送局という特殊な企業の再建だったことに加えて、京都の掟に縛(しば)られつづけたことから、なかなか出口が見出せない迷走がつづくことになる。

迷走した再建への道

闇社会に見捨てられた企業の後始末の軌跡について、簡単にまとめておこう。

役員が総退陣した近畿放送は１９９１年６月、会長に京都新聞社相談役だった白石南海雄氏、社長に京都銀行元専務の奥村光林氏を迎えた。

このような状態になっても、まだ京都新聞社や京都銀行など「京都」にこだわるのかと思われるかもしれないが、「洛外」からは誰も怖くて手出しできない状態だったというのが実情だった。

会長に就いた白石南海雄氏は、白石古京氏の甥。結局、社主の白石家にすがりつかざるを得なかった。社長に就いた奥村光林氏は、古巣の京都銀行から「顧問を解職しているし、関連会社の役員も辞任しているので当行とは何の関係もない」と冷たくコメントされ、〝縁切り状〟を突き付けられての就任になった。

しかし、人心が一新したからといって事態が好転するわけではない。１４６億円の債務処理も、根抵当権の抹消もまったく見通しが立たないまま、時間だけが経過した。

そしてついに、債権者のダイエーファイナンスは1993年11月、近畿放送との交渉を打ち切り、本社社屋や放送機材の競売の申請に踏み切った。翌月には裁判所が競売の開始を決定し、最も恐れていた事態になってしまった。

ただ、「こんなややこしい放送局の不動産や動産を買い取るような酔狂な人間はおらん」（ある地元財界人）のが現実だった。

近畿放送の経営自体は火の車だった。146億円の債務以外にも、90億円を超える長短の借金を抱えていた。信用調査会社のベテラン調査員が「借金が資産合計の3倍ですわ。放送免許というお国の保証がなかったら、とっくに空中分解してます」とあきれたように話していたのを思い出す。社員へのボーナス支給はストップし、中堅社員の退職が止まらなかった。

1994年4月には、奥村光林社長が急逝する。四面楚歌のなかで再建に奔走し、心身ともに疲労困憊しての最期だった。

後を引き継いだのは、京都駅前でのホテル経営などにたずさわっていたハトヤ観光グループの会長・岩井栄太郎氏。岩井氏も山段氏に近いといわれており、山段人脈の一人だった。

山段人脈を頼ったのではと思われるかもしれないが、山段氏自身は青息吐息で、もはや積極的に介入する余裕はなかった。平時ならいざ知らず、このような修羅場（しゅらば）で再建にたずさわる社長として、岩井氏には力不足の感が拭（ぬぐ）えなかった。それでも岩井社長は、大幅な減資や社屋の移転などを打ち出して、自主再建の道をなんとか探ろうとしていた。

一方で、ＫＢＳ近畿放送労働組合は、自主再建ではなく会社更生法に基づく再建を提起していた。

労働組合が会社更生法を申請できるかについては異論もあったようだが、労働債権を持っているとして裁判所に申請したところ、申請が認められた。

会社更生法が適用されれば競売の手続きを止めることができるし、イトマン事件に絡む「不良株主」を一掃して巨額の借金も棚上げにできる。放送事業を継続できる最善の手段と判断していた。

裁判所は１９９４年11月末、会社更生法に基づく更生手続きの開始を決定した。近畿放送は日本で初めて倒産した放送局となった。新たなスタートラインにつき、再建への道を歩むことになる。

更生手続きが終了したのは２００７年。じつに13年かかっての再建だった。バブル経済に乗っかって闇社会にボロボロにされた放送局は、歯を食いしばって報道の現場を守ろうとした放送マン、放送ウーマンたちの強い思いで見事によみがえった。

「山段はもうどなたにもお会いしない」

私は1992年に京都を離れたため、近畿放送の再建過程を見ることはできなかった。ただ、さまざまな節目で「何か情報を取れないか」と求められた。キーマンだった山段芳春氏に何回か接触をはかろうとした。秘書役の安川良子氏に何回も連絡をとったが「山段は、もうどなたにもお会いしないと言っております」とにべもなかった。

長いあいだ拠点としていたキョート・ファンドにもたまに顔を出す程度で、雲隠れに近い生活をしていると伝わってきた。

この時点で面談できたとしても、山段氏の影響力の急低下を考えたらどこまで確かな情報が取れたかは不明だ。こんなことをいっては不謹慎（ふきんしん）とお叱（しか）りを受けるかもしれないが、絶頂期を知る私はひどく寂しい気がしたのも事実だ。

しかし、事態は山段氏への郷愁にふけるような余裕を与えてくれなかった。

近畿放送の経営破綻が確定してから重要な問題点の一つとなったのは、国の放送免許だった。

放送免許を取り消されれば、その時点で放送局は潰れてしまう。借金の金額とか株主の構成とかそんな問題を超越していた。

ただ、郵政省もきわめて慎重にならざるを得ない。ローカル局とはいえ、公共性が高いマスコミを国の判断で倒産させることになる。いくら闇社会に喰い散らかされて体をなさない組織になったとはいえ、報道機関を潰したとなると、「報道の自由を踏みにじった」などと批判を受けかねなかった。

放送事業を所管する近畿電気通信監理局（現近畿総合通信局）に通う日がつづいたことがあった。

幹部に面談しても型どおりの話ばかりだった。当然、本省の判断になるだろうから迂闊なことを話せなかっただろうし、出先機関には決定的な情報は入っていなかったのかもしれない。

ただ、親しくなっていくと、当時の郵政省の本音のようなものを垣間見ることができた。

「うちはどんな報道をしてはるのか、どんな取材をしてはるのかを調べるところではありません。電波を出すのに問題があるのかないのかを見るだけです。そもそも放送する機械が借金のカタになってて、明日にも叩き売られるかもしれんというのを、まともな状態やと思えますか？」

「100億円とか200億円とか、庶民からしたら想像もできんようなおカネを、まるで煙草（たばこ）銭を借りるかのように動かしてるんやで。そんな連中が支配してる会社を信じろいうても無理ちゃうの？」

すべてを代弁していた。

8　わが心にかなわぬもの、京都仏教会

「お寺さんが政治に関わるとロクなことがない」

洛中の人たちは僧侶のことを親しみを込めて「お寺さん」という。地域にも、日常生活のなかにも、お寺さんは深く浸透している。

関東では「白足袋族」などと呼ばれることがあるらしいが、京都では僧侶たちを指して「白足袋」という言い方はしない。

華道や茶道にたずさわる人たちは和服に白足袋だ。西陣織を扱う卸や店舗でも、いまだに和装・白足袋姿で接客する〝旦那さん〟が多い。京都で白足袋は、僧侶の専売特許では

ないということかもしれない。なによりも、「白足袋族」という言葉の響きに冷たさを感じる人が多いのではないだろうか。

平安時代後期に権勢を振るった白河天皇は「賀茂川の水、双六の賽、山法師、これぞわが心にかなわぬもの（天下三不如意）」と嘆いたといわれている。

たびたび洪水をくり返した鴨川、双六のさいころ、そして山法師すなわち比叡山の僧兵は、自分の意のままに動かないということらしい。

平安時代には自分たちの利権を守り、要求を無理やり押し通そうと、延暦寺の僧兵がたびたび御所に押しかけた。広大な荘園と大きな経済力を持っていた延暦寺は、独自の武装兵力を抱え、都の政治を動かすだけの影響力を持っていた。

その後の歴史のなかで僧侶は、戦国大名の顧問となって政治指南をしたり、外交僧として武将間の仲介役を担ったり、天皇家や公家と深く関わることもあった。

もちろん僧侶は、仏に仕えて信仰を広める宗教活動がメインだが、都では政治や経済、社会活動などに深く関わっていた長い歴史を持っている。ときに歴史を動かし、ときに世間を騒がす原因をつくってきたのも事実だった。

幕末までは大名や公家と接触し、政治と関わることが多かったお寺さんだが、明治以降は静かになってしまった。

権力者と関わることに一線を画す（かく）ようになったのか。

高級官僚が生まれ、知識人としての僧侶に頼る必要がなくなったからなのか。

信仰と布教こそが仏に仕える者の役目と気がついたからなのか。

しかし、京都人のＤＮＡには「お寺さんが政治に関わるとロクなことがない」との鉄則が刷り込まれている。白河天皇の時代からだから、筋金入りかもしれない。

古都税紛争を主導した強硬派五人組と参謀役・西山

京都仏教会の歴史はそんなに古いものではない。日本伝統仏教界の連合組織である「全日本仏教会」は公益性や仏教文化の流布（るふ）を目的とする財団法人で、多くの伝統仏教寺院が加盟しており、下部組織として都道府県仏教会がある。

１９８５年に京都府と京都市で分かれていた仏教会が統合されて、京都仏教会となった。

京都市内の寺院のほうが圧倒的に知名度は高かったが、京都というくくりで活動していこうということだったのだろう。

　しかし現在、京都のお寺さんの団体には「京都仏教会」と「京都府仏教連合会」の二つがある。各都道府県には東京都仏教連合会や大阪府佛教会などそれぞれの仏教寺院団体が一つずつあるが、二つも団体があるのは京都だけだ。

「京都は寺院の数が多いから二つあるのだろう」と思っている人が多いようだが、さにあらず。内部対立で分裂してしまったのだ。

　浄土真宗は東本願寺（真宗大谷派）と西本願寺（浄土真宗本願寺派）に分かれている。茶道の千家（せんけ）流は表千家、裏千家、武者小路（むしゃのこうじ）千家と三つに分かれている。

　だが京都仏教会の場合は「京都では勢力が大きくなれば、みんな兄弟げんかをはじめてしまうもんだ」というような単純な話ではなかった。分裂の発端は、京都市が導入を計画した古都税（古都保存協力税）をめぐる騒動だった。

　古都税は、社寺の拝観料に税金を上乗せするというもので、京都市の今川正彦市長が1983年に条例案を発表し、市議会で可決・成立した。京都仏教会は反対を唱え、20万人を超える反対署名を提出したり、条例の無効を求めて訴訟を起こすなどして反対運動を繰り広げた。

表向きは「信仰心をもって訪れる拝観客から税金を取るなんてもってのほか。京都の伝統文化と宗教心を破壊する」との理由だ。

「それなら、寺は拝観料なんて徴収するな」と言いたくもなるが、京都市が観光行政の財源として目をつけるのも浅ましさが残る。

どっちもどっちだ。

観光寺院にとっては拝観料の実質的な値上げになるうえ、拝観料の総収入額を行政に知られることになる。このあたりが反対の〝本音〟だったのだろう。

地元選出の国会議員を巻き込んで京都市と京都仏教会の駆け引きがつづいたが、１９８５年４月に自治省が古都税の実施を許可、７月から徴収をはじめることになった。

話し合い路線をつづけていた京都仏教会は、ここで大きく方針を転換した。京都市に対し全面戦争を宣告する。

拝観の停止に踏み切るとともに、翌月に迫っていた京都市長選で古都税の撤回を表明する候補を応援し、税実施を表明する候補が当選すれば無期限の拝観停止をおこなうというものだった。

「寺の拝観停止を選挙と絡めるのはまずい。政教分離を貫くべきだ」という意見が強かったが、強硬派の僧侶が押し切った。

強硬派の僧侶は「仏教会の五人組」（肩書は当時）といわれた。

清水寺執事長　大西真興（おおにししんこう）師
金閣寺責任役員　有馬頼底（ありまらいてい）師
広隆寺貫主　清瀧智弘師
銀閣寺執事　佐分宗順（さぶりそうじゅん）師
蓮華（れんげ）寺副住職　安井攸爾（やすいゆうじ）師

若手の僧侶で血気盛ん、おまけに観光寺院として知られている寺院の僧侶たちで、世間へのアピール力は強かった。

そして五人組の参謀役をつとめたのが、先に述べた西山正彦氏だった。

僧侶たちがどのように西山氏に接近したのか、いや、逆に西山氏がどのように僧侶たちに近づいたのかは定かでない。

しかし、京都仏教会が「話し合い路線」から「全面戦争」へと転換するにあたって、西山氏の存在とアドバイスが大きく影響した。拝観停止も市長選挙と絡めることも、すべて西山氏のアイデアだった。

「お寺さんは陰で何してはるのかわからしまへん」

清水寺、金閣寺、銀閣寺、広隆寺など、有名な観光寺院を中心に12ヵ寺が拝観停止に踏み切った。門前の土産物店やホテルなどの観光業界から、たちまち悲鳴が上がった。

一方で、有名寺院の拝観停止は全国的な話題になり、「市役所とお寺さんの対決」という絶好のスキャンダルとして報道された。

西山氏は拝観停止という「表の戦術」を取る一方で、今川正彦市長と密談し、「古都税は税徴収ではなく、寄付金方式で実施する」との密約を交わすという「裏の戦術」も使った。

今川市長は市長選挙の告示直前に京都仏教会と「電撃和解」することに成功し、再選を果たした。しかし、密約が実行されることはなく、有名寺院が再び拝観停止に踏み切り、全面戦争は泥沼状態となった。

ここで西山氏は、今川市長との密談を録音したテープを暴露する。選挙直前に仏教会と密約を結んだばかりか、西山氏から選挙指南を受けていたことまで暴露され、今川氏の権威は地に落ちた。市政与党だった自民や公明の市議から「恥を知れ」といった厳しい批判を浴びることになる。

結局、京都市は古都税を引っ込めざるを得なくなり、１９８８年３月に廃止された。

古都税は廃止されたものの、京都仏教会のやり方は大きな「副作用」も生んでしまった。市長との密約テープを暴露して市長を追い詰めるなど、なりふり構わない手段は、「道を説くお寺さんのやることとは思えない」と批判が沸いた。「これではまるで圧力団体だ」「やり方があまりにも極端すぎる」と、仏教会を脱退する寺院が相次いだ。

京都仏教会といっても、拝観料を取って大勢の観光客が訪れている寺院はほんの一部だ。檀家を抱えて地域で地道に活動する寺院のほうが、圧倒的に多い。

「寺のやることはえげつないと言われて、檀家さんに説明がつかんのや」という寺が雪崩を打ったように抜けていった。

脱退した寺院が新たに結成したのが、京都府仏教連合会だ。

二つの団体は加盟寺院の構成で決定的に違う。

京都仏教会はいわゆる観光寺院が多い。拝観料が大きな収入源だった。一方で京都府仏教連合会は檀家を持つ地域のお寺が中心。拝観料とは無縁だった。

しかし、このような京都の事情をよく知らない世間の人は、京都仏教会こそが京都のお寺さんを代表する団体と思い込んでしまい、京都府仏教連合会は亜流のようにとらえられてしまった。

実際には、京都仏教会は「京都観光寺院協会」とでもいいたくなる団体で、京都で地道に活動している地域の寺院の団体とはいいがたいのが実態だ。

「たかだか市役所と寺の喧嘩（けんか）やないか」と言う人もいたが、古都税紛争の後遺症は想像以上に重かった。「お寺さんは陰で何してはるのかわからしまへん」というイメージが市民の中に広がってしまったからだ。

お寺さんを闇社会の一員に引きずり込むきっかけになったとしたら、古都税紛争の罪はあまりに大きかった。

京都ホテルの高層改築に反対

古都税紛争が一段落ついた1980年代後半に襲ってきたのは、バブル経済とそれにともなう大規模開発の大波だった。バブル経済がはじける1993年頃まで、再び京都仏教会と西山正彦氏がクローズアップされた。

古都税紛争で京都市を打ちのめした京都仏教会は、古都税に並ぶ脅威(きょうい)だとして「古都を破壊する開発反対」をことあるごとに唱えるようになった。

もちろん、開発反対を訴えた市民団体はたくさんあった。しかし、「お寺さんの反対」は市民団体の反対とは重みが格段に違った。どの企業もうかつに反論できなかった。「あの大山(進氏、日本工業社長)でも、仏教会と正面切ってやり合う気はないやろう」と噂になるほどだった。

そのなかでも、京都仏教会が前面に出てきて反対運動を繰り広げたのが「京都ホテル改築」だった。

バブル経済期、京都市内は高層ビルや高層マンションの建設計画が次々と持ち上がっていた。

京都では長いあいだ、「洛中では東寺（とうじ）の五重塔（約55メートル）より高い建物を建ててはいけない」が暗黙の了解だった。たとえ法的に許されていても、理屈抜きで「東寺の塔より高いもんはあきまへん」だった。

しかし、京都ブランドを求めて洛外から押し寄せるデベロッパーに、法的な裏付けのない「あきまへん」は通用しなかった。次々と高層マンションが建ちはじめた。

「うちのマンションのトイレは御所を見下ろせるんですわ。御所に向けておしっこできる」などと平気で公言するよそ者に、京都人は眉（まゆ）をひそめた。

マンション開発反対の急先鋒だった弁護士が、じつは東山を一望できる高層マンションの11階に住んでいることがわかり、「説得力あれへんで！」と同僚から非難される珍事も起きた。

そのなかで、「古都の景観を破壊する高層建築反対」のやり玉に挙がったのが、「ＪＲ京都駅」と「京都ホテル（現京都ホテルオークラ）」だった。

どちらも、老朽（ろうきゅう）化した建物を高さ60メートルの高層ビルに建て替えようという計画だった。「なんだ、たったの60メートルでそんなに目くじら立てなくても……」と思う人も多いだろう。

しかし、「東寺の五重塔」を越えるような建物は、京都人のＤＮＡが到底認めなかった。ＪＲ京都駅は、文字どおり京都の表玄関。

京都ホテルは、１８９５（明治28）年に外国人用ホテルとして開業し、戦前には皇族や華族のほか著名人が定宿(じょうやど)にした老舗(しにせ)ホテル。

どちらも、京都を代表する建物だけに「古都破壊」の象徴になってしまった。

そして、京都仏教会が派手に嚙みついたのは京都ホテルだった。

京都駅が洛中の南端だったのに対して、京都ホテルは洛中のど真ん中にあった。「景観破壊の程度が違う」ということだったのか。

「喧嘩しやすい京都ホテルを相手にしただけ。ＪＲは的が大きすぎまっせ」と言う人もいたが……。

参謀役に振り回されて二転三転

京都ホテル改築にいたる経緯について簡単に触れておこう。

１９９０年に、９階建て31メートルから16階建て60メートルに建て替える計画が発表された。ホテルが建っているエリアの高さ制限は45メートルだったが、総合設計制度の適用を受ける〝ボーナス〟加算で、60メートルが可能になった。

翌１９９１年1月には京都市建築審査会の同意を得て、京都市長が建築を許可した。

京都仏教会は、反対運動に拍車をかけた。

ニューヨーク・タイムズに建設反対の意見広告を掲載した。また、京都ホテルの取締役をつとめていた京都商工会議所の塚本幸一会頭（ワコール会長）を、反対派に回らせた。塚本氏は取締役を辞任するとともに、仏教会と連名で反対声明を発表した。

そして最後に切り札として出したのが、「京都ホテル宿泊客の拝観拒否宣言」だった。門前に「京都ホテルグループの宿泊客の拝観をお断りします」との看板を掲げ、録音テープで「拝観拒否」を流しつづけた。

古都税紛争のときとそっくりの戦術なのは、いずれも仏教会〝参謀役〟の西山正彦氏のアイデアだったからだ。

一方で、水面下でひそかに交渉を重ねるのも、古都税紛争のときとそっくりだった。

西山氏は京都ホテルの社長と約20回にわたり、延べ１００時間もひそかに面談をくり返した。表では派手なパフォーマンスを演じ、裏ではこっそりと密談をくり返す。京都ホテルは見事に術中にはまったように見えた。

京都ホテル側はいったん、白旗を掲げた。

1991年11月、高さも含めた計画の再検討を表明した。仏教会側は翌月から予定していた拝観拒否を中止するとして「和解」が成立した。

しかし翌12月、京都ホテルは社長の辞任とともに当初予定どおりに工事に着手すると発表した。「会社の存続と社員の生活を守るための苦渋(くじゅう)の判断」という理由だったが、あまりに唐突な「和解破棄」に仏教会側は騒然とする。

京都ホテル側の会見はわずか20分。事態を知った仏教会の幹部が会見場のホテルに駆けつけて、京都ホテルの社員と押し問答になった。「いったい何があったのだ」と報道陣のあいだにも戸惑いが広がった。

あらかじめシナリオが準備してあったかのような展開だった。

京都ホテル側は、1ヵ月後の「突然の破棄」を織り込み済みで和解を演出したのではないか。

西山氏が社長との密談で何か密約を交わして、「突然の破棄」を容認したうえで和解を演じさせたのではないか。

仏教会と西山氏が画策していることだから、何か裏があるはずだという噂が流れた。

着工日には市民団体が抗議に押しかけたものの、仏教会はなぜか静観の構えだった。高所作業用のクレーンゴンドラを積んだトラックが突然工事現場そばに止まり、月光仮面の衣装をつけた男がゴンドラの上から「建設反対」を叫びつづけた。警察官が駆けつけて、静かな安全祈願祭はちょっとした騒ぎになった。

「仏教会が雇ったんとちゃうか」と見上げる人多数。「結局、こんなお粗末な結末になるのがオチやったんや」とささやかれた。

工事は予定どおりに進み、新生京都ホテルは1994年に完成した。

結局、京都仏教会は何も得るものがなかった。

得るものがないどころか、京都市民から「怪しげなことをする坊さんたち」というマイナスイメージを持たれ、新たに脱退する寺院が続出して影響力を低下させてしまうというダメージを被ってしまった。

振り返ってみれば、このときが京都仏教会の最終章だったのかもしれない。

京都仏教会の主役たち

ここまであえて詳しく人物について触れてこなかった。京都仏教会の「主役たち」について触れておこう。

京都ホテルの騒動があった1990年当時、京都仏教会の理事長をつとめていたのは、臨済宗相国寺派相国寺の有馬頼底師（現相国寺派七代管長）だった。

相国寺は「京都五山（京都にある臨済宗の五大寺）」の第二位の名刹だ。本書で京都五山と書くと怪しげなにおいがするが、こちらの五山は正真正銘の五山だ。

本山の相国寺自体はあまり知られていないが鹿苑寺金閣（金閣寺）も慈照寺銀閣（銀閣寺）も相国寺の山外塔頭で、観光寺院を抱えているお寺さんでもある。

当時の会長は青蓮院の門主だった東伏見慈洽師。香淳皇后の弟で、臣籍降下をして門主に就いた。血筋としては京都の宗教界にこれ以上の人物はいなかったが、おおよそ泥をかぶったり自らの手を汚すような世間ずれした人ではなく、仏教会の実権は理事長である有馬師が握っていた。

有馬師は仏教会の中でも理論家、能弁家としてたちまち頭角を現した。古都税紛争をはじめ、さまざまな活動で牽引役(けんいんやく)となった。

有馬師は京都でも五指に入る高僧だとの評判がある一方で、古都税紛争以来、「裏で何をしているのかよくわからない」というマイナスのイメージがつねについて回った。

このほか、京都仏教会の幹部として、広隆寺の清瀧智弘師や清水寺の森清範(もりせいはん)師、蓮華寺の安井攸爾師らが活躍していた。

金閣寺や銀閣寺とあわせて、いずれも観光寺院として知られている寺ばかりだ。清瀧師が物静かに切々と訴えるのに対し、安井師は声を張り上げて機関銃のように攻撃する武闘派だった。

「大雲寺梵鐘事件」にルーツをたどる

観光寺院の代表者と西山氏に牛耳られていた京都仏教会。本来なら相容(あいい)れないであろう不動産業者となぜ親密な関係におちいったのか。

それを解くカギが「大雲寺梵鐘(だいうんじぼんしょう)事件」に隠されている。大雲寺が所有していた国宝の梵鐘が行方不明になり、西山氏が所有権を主張して訴訟沙汰になった事件だ。

闇社会の大物と京都仏教会の幹部が、梵鐘の磁力に引き寄せられるかのように次々と登場する。

事件の発端は、多額の借金を抱えた大雲寺が土木工事仲介業者に境内地を売却したことだった。この土木工事仲介業者の社長が会津小鉄会の金庫番・畠山忍氏だった。

畠山氏はわずか２週間だけ大雲寺の代表役員に就任し、梵鐘以外の寺宝をすべて運び出してしまった。代表役員の引き継ぎにあたって「寺宝は観音菩薩１体のみ」との念書を交わしてしまった。

梵鐘はというと、蓮華寺の安井攸爾師が広隆寺の霊宝殿に預けた。

その後、「国宝が行方不明だ」と騒ぎが起きたので蓮華寺に預け替えられ、数日後に相国寺の承天閣美術館に移された。このときの承天閣美術館の館長が有馬頼底師だった。梵鐘の所在はこの段階で明らかになった。

西山氏は大雲寺の境内地処分に絡み、畠山氏から融資を頼まれたので梵鐘を含む寺宝を担保に融資したとし、梵鐘の所有権を訴えていた。

１９９０年、最高裁は「梵鐘はもともとあった場所（相国寺の承天閣美術館）に還付すべきだ」と決定した。京都府が管理していた梵鐘は、最高裁の決定にしたがい承天閣美術館に返却された。それにともなって、西山氏は所有権をめぐって訴えていた訴訟を取り下げてしまった。

なぜ梵鐘が広隆寺、蓮華寺、相国寺と秘密裏に移されていったのか。

なぜ西山氏が国宝を担保にした融資などに手を染めたのか。

そもそも所有権はどこにあるのか。

不明朗なことばかりだが、結局、何も明らかになることはなかった。

数奇な運命をたどった梵鐘は現在、滋賀県の佐川美術館に収蔵されている。

お寺さんが知らず知らずのうちに闇社会に引きずり込まれていったのか。

お寺さんが闇社会の手を借りて穏便に解決しようとして、そのまま腐れ縁がつづいていったのか。

いやいや、お寺さんも闇社会も、ともに甘い汁をたっぷり吸い取ったのか。

京都ホテルをめぐる騒動では、ホテル側が工事をはじめて、仏教会の旗色が一気に悪くなった直後から、西山氏は一切姿を見せなくなった。姿を見せないどころか、参謀役としての影さえきれいに消えてしまった。

おりしもバブル経済が崩壊し、金融界や不動産業界が迷走をはじめた頃だ。西山氏にとっては仏教会の相手をしている余裕がなくなってしまったのだろう。いや、仏教会と付き合ううまみがなくなってしまったということだったのか。

京都仏教会を脱退する有力寺院が相次いだ。

幹部を名指しして「政治的な言動が過ぎる」「裏で怪しいことをしている」という加盟寺院が次々と出てきた。

「お寺さんが政治と関わるとロクなことがない」

白河天皇の時代からの鉄則はまだまだ有効のようだ。

「お寺さんが闇社会と関わるとロクなことが起きない」という鉄則も加えたほうがいいようだ。

9 「御池産業」、別名京都市役所

「京都府から京都市を除いたら何も残らへん」

中央、地方を問わずいくつもの役所を担当・取材した。情報公開法はまだなかった（2001年施行）。数えるほどの地方自治体で、ようやく公文書公開条例が施行されたばかりだった。

役所は都合の悪いことや、知られると面倒になることは当然隠した。役所からいかに情報を取ってくるかが記者のすべてだった。「ネタをとる決め手は泣きと脅し」などと教わり、ときには法律違反スレスレのことをやった。私もいろいろ試したが、記憶に残ることを一つ二つ紹介しておこう。

見たい文書や知りたいネタについて相手にさんざん話した後で、別れ際に「好きに使ってください」とタクシーチケットを1冊（1枚ではない）渡す。役人は現金や品物には拒絶反応を起こすが、タクシーチケットにはあまり抵抗感がないようだ。受け取りさえすれば、後日必ずといっていいほど「見返り」を寄越してくれる。

役所にはたいていコピー機を集めたコピー室がある。終業時間から1～2時間後にこっそりと入って、ちらかっている失敗コピーをすべて回収する。終業前後は時間を気にしてコピーする。失敗が多いし、慌（あわ）てているので後始末もいい加減。たまに原資料をまるごと忘れているときもあり、忘れ物は大切に「預かって」、翌朝返しにいく。

厳密にいえばどちらも違法行為。かつての記者はそんなことを普通にしていた。

「伏魔殿」とか「魑魅魍魎（ちみもうりょう）の棲（す）み処（か）」とか、散々な言われ方をする役所に数多く出合ったが、京都市役所ほどの「魑魅魍魎の伏魔殿」をほかに経験したことはなかった。闇社会に片足を突っ込んでいるようなものだった。

担当している当時は訳がわからずとにかく必死だったが、離れて冷静に眺めてみると、これだけ記者を鍛えてくれる役所は逆にありがたいと思うようになった。

最初に断っておくが、京都市役所のほとんどの職員はきわめて優秀で善良な人たちだ。一人ひとりの職員とじっくり話をしていると、「古都はこういう人たちの手で守り、創られていくんだな」と実感する。「魔」も「魑魅」も「魍魎」も、ほんの一握りであることを強く申し上げておきたい。

京都市役所

京都市役所は正面に面している通りの名前をそのまま使って「御池（おいけ）」と呼ばれている。「御池が動いてくれんのや」というのは「京都市が何もしてくれない」という意味だ。

「御池」だけなら親しみのこもった愛称で済むのだが、「御池産業」という呼び名になると、どこか含みを持たせた独特の嫌らしさがにじむ。京都らしいといえば京都らしい。

なぜ「御池産業」と呼ばれるようになったのか、理由はよくわからない。

・京都には西陣織に代表される織物業以外にたいした産業がない。京都市の公共事業が最大の産業だからという説。
・公僕だというのに計算高い。損得を見極める能力にばかり長けており、まるで商売人のような考え方をしているからという説。
・京都のことならとにかく何にでも関わっている。商工業から生活、文化、教育、医療、芸能にいたるまで、無関係で済むものはないからという説。

「京都府から京都市を除いたら何も残らへん」

京都市役所のプライドの高さは、まさにここにあった。「わしらが京都のすべてを支えている」という、ある意味歪んだプライドが「御池産業」の資本金でもあった。

ややこしい人を一手に引き受ける「4階」

私の拙い経験を紹介しておこう。

市役所の秘書課長、秘書長と秘書畑を歩んだある幹部がいた。京都市政史上、最も大きな騒ぎの一つとなった古都税紛争のときには、市長、助役の側近として事態の収束に奔走した人物のひとりだった。

市長が交代すると、当然のことだが側近はほぼ全員が入れ替わってしまう。この幹部も秘書長をはずれ、局長級の国際交流担当企画主幹に就いた。名前だけ聞くと何をするのかよくわからないポストだった。

京都市役所本庁舎は昭和の初めに建てられた。基本は西洋・ネオバロック風の建築様式だが、日本風、中国風、インド風、イスラム風の造形も取り入れていた。多国籍風建築とでも呼べばいいのか。

荘厳な建物ではあるが、建築様式でいくと、とらえどころのない建物だった。とらえどころのない建物で、とらえどころのないことが動いていた。

バブル経済絶頂期の当時、市長室と助役室、京都市政記者クラブが本館の2階にあった。記者は偶然を装って市長や助役とトイレで出くわすことができる、便利な構造だった。

前振りが長くなったが、国際交流担当企画主幹の部屋は本館4階にあった。

庁内ではひそかに「4階」と呼ばれていた。

その「4階」は、天井の高い広い部屋に執務机と応接セットがあるだけ。その執務机の上も電話と大ぶりのメモ帳の束以外に何もなかった。とにかく殺風景だった。

最初に挨拶にいったときは、こちらを警戒(けいかい)しているというか、値踏みしているというか、そんな様子がビシビシと伝わってきた。

「ご存じのように国際交流を担当してるんですわ」

「京都市は姉妹提携都市がたくさんあるんでね」

当たり障りのない会話がつづいたことを覚えている。殺風景な部屋で、他人行儀の嚙み合わない会話がつづくのは苦痛だった。

そんなおり、市議会の一般質問で、保守系議員が市の幹部が座る理事者席の最前列を指さしてこう問い質した。

「助役や収入役が座っている最前列に、なぜ企画主幹という人が座っているのか。議会は承認していない」

企画主幹を敵視する露骨な質問に驚くとともに、敵の多い人だということがわかった。

ずっと口の重かった職員が内幕を教えてくれた。

「古都税騒動で市役所がガタガタになりそうやったのを、なんとか支えたのが企画主幹。あの人がおらんかったら、もっと酷(ひど)いことになってた」

「市長に会わすかどうか、市長に伝えるかどうか、企画主幹がコントロールしてた。情報は全部あの人が押さえてたから、そら面白くない連中はぎょうさんおったやろ。いまでも恨みを持ってるやつは多い」

「ややこしい人らは一手に引き受けてたよ。市長や助役に会わせるわけにいかんしね。防波堤やった」

「企画主幹の偉いところは、市長が代わったら、全部きれいにして、更地にして身を引いたことや。陰で力を持ちつづけようなんて、そんな考え毛頭もあらへん」


市長や助役の側近として力を振るった経歴があれば、通常ならさらに高みを狙うのが役所に勤める人間の常だ。助役や市長といった権力者の座を狙ったり、「俺を通さんかったら役所では何もできんで」というタイプの役人になるのが通例だ。

しかし、企画主幹にはそんなにおいが微塵（みじん）もしなかった。不思議だった。

そのにおいは、どこか山段芳春氏にも似ていた。決して表舞台には立たず、京都市役所の情報の交差点に立っていることで、抜群の存在感を示していた。

行動はすべて把握されている

私は「4階」に通うようになった。

そのうち、「ちょっと部屋に来られへんか」と企画主幹から電話がかかってくるようになった。

ある日、呼ばれて部屋を訪ねたら、いきなり「合コンの日にち決めよか」と言われた。

何のことかわからない。

「秘書課の子とやりたいんやろ」

そういえば数日前、秘書課をのぞいたとき、いつも笑顔で応対してくれる女性のことを課長や係長とこっそりと話題にしたことがあった。べつに合コンをやりたいとかそんな話をしたわけではない。他愛もない話だったはずだ。

「合コンの心配までしてくれる優しい人や」と思えればいいのだが、そのときの私は「秘書課での私の行動をすべて把握している」と思わなければならなかった。

もちろん、いつ市長室を訪ね、いつ助役室に入って、どのくらいの時間面談していたかはすべてわかっているのだろう。いや、もしかすると、庁内での私の動きをほとんど知っているのではないか。

特ダネ記者でも敏腕記者でもないのに「なぜ私なんかを」と戸惑わざるを得なかった。市役所の内情がわかってくるようになると、ことあるごとに面談するようになった。ただ、質問に対する答えはつねに明快だった。

はっきりと答えてくれるか、「それは言えない」ときっぱり断られるか、「悪いけど知らんねん」と言われるか。

「うーん、それはなあ……（ムニャムニャ）」というような、よくある適当なあしらい方はまったくなかった。

とにかく、ごまかされることはなかった。

「信じられへんかったら信じんでもええ」

こんなこともあった。

バブルの全盛期。京都盆地を囲む山の中では、いくつもの開発計画が持ち上がっていた。

西京区のポンポン山という山の麓で予定されているゴルフ場建設計画や、比叡山の山中では住宅地開発計画が持ち上がっていた。

特に、ゴルフ場計画は問題が多かった。制度上は建設が可能で、野放しにすれば洛中から望む山々は、ゴルフ場建設で傷だらけになってしまう。

京都市がゴルフ場計画を認めるかどうかは、特ダネ競争の一つだった。

京都市は建設を認めない方向に舵を切ろうとしていたが、保守系の市会議員が横やりを入れていた。

「京都市がゴルフ場建設を許可しない方針」と報じたいところだが、最後の最後に市議の邪魔が入ってひっくり返されるおそれがあった。特ダネは一転して大誤報になってしまう。特報と誤報はつねに紙一重だった。

裏を取るのは企画主幹しかいなかった。

部屋を訪ねると、にこやかに迎えてくれてソファを勧められる。

「今日は何や」

他愛もない話を少しした後、満を持して質問した。

「例のゴルフ場のことですが、市長は許可しないと決めたらしいけれど、議会で自民党とかがひっくり返すことはないでしょうか」

「そら来たか」というようににんまりした後、きっぱり言い切った。

「それはない。絶対ない。心配せんでええ」

なぜそこまで自信たっぷりに言い切れるのか。理由を聞いておきたい。あなたの主観的意見や単なる感想では、裏を取ったことにならない。

不安げな私の顔を見越したように、さらにつけ加えた。

「心配せんでもええて。市長さんの考えてるとおりになるって」

結局、企画主幹の断言したとおりだった。

結論だけを話す。

経過や理由や背景などは一切話さない。

とにかく徹底していた。

「わしの言うこと信じられへんのやったら、べつに信じんでもええで」

というメッセージが言外に込められているように感じた。


こんなこともあった。

ある国政選挙で立候補するのではないかと噂に上っている人物がいた。周辺に取材してもいまひとつ確証が取れない。その人物が出馬すれば、選挙の構図は大きく変わる。なんとか特報したい。

何回か企画主幹室を訪ねた。

「わしは国会議員のことやら選挙のことはよう知らんのや」と軽くあしらわれつづけた。

「京都市政と直接関わらないことだから仕方ないか」と思いはじめていた頃、電話がかかってきた。

「いますぐ、ちょっと部屋来られへんか？」

部屋に行ってみると、なんとその出馬が噂されていた当人が、ソファにどっかりと腰を下ろしているではないか。

あまりの展開に度肝(どぎも)を抜かれたというのが正直な状態だった。

「聞きたいことあるんやろ。直接聞いたらええ」

本人に聞くまでもない。「条件は整ったからいつ報道しても大丈夫や」という企画主幹の強烈なメッセージだった。

情報を操り闇社会と接点を持つ〝汚れ役〟

メディア人を相手に、まるでゲームでも楽しんでいるように感じる人もいるだろう。そういった一面はないとはいえない。私は企画主幹の掌（てのひら）の上で見事に踊らされていたようなものだ。

しかし、情報を操作するという点では、まさに天才的だったといえる。

・どうすれば情報が集まるのか。
・どうすれば情報が流れるのか。
・誰が、どんな情報を欲しがっているのか。
・いつ、誰に情報を流すのがいいのか。
・情報を得て得するのは誰か、損をするのは誰か。

本人が意識していたかどうかは別として、すべて計算ずくで人と会っていたに違いない。

相当後になってからのことだが、この企画主幹室には自民はもちろん、公明、社会、民社、そして共産党の市会議員まで出入りしていたことがわかった。財界人とのつながりも広範囲におよんでいた。

企画主幹自身は、誰と会ったとか、誰から聞いたというようなことは決して口にしなかった。情報の交差点に立つ人間の基本だったのだろう。

私も「企画主幹から聞いたことだけれど」というようなことは口にしなかった。私が企画主幹と頻繁(ひんぱん)に接触していると知っていた人は、私の身近にはほとんどいなかった。

特に意識せずにやっていたことだが、それが私への信用度を上げていたのかと、いまになって思う。

ここからは推測になってしまうが、企画主幹は、山段氏をはじめ京都の闇社会の人物とも接触を持っていたに違いない。

「御池産業」が闇社会とまったく無縁で「経営」できるとはとても思えない。どこかで接点を持ち、誰かが一種の「汚れ役」となって、引き受けていたに違いない。

市長が代わっても、企画主幹が隠然と力を持ちつづけていたのは、情報の交差点の交通整理役と、闇社会との接点を持ちつづける汚れ役がほかにいなかったからだろう。

「堅実で真面目」につけ入る闇の手

企画主幹ひとりが「魑魅魍魎の伏魔殿」だったのだろうか。いやいや、そんなことはない。企画主幹のような存在をつくらざるを得ない構造的なものが、京都市役所にあったはずだ。

京都市自体はきわめて堅実な自治体だ。「石橋を叩いて壊す」といわれるほど、リスクのかかることは避ける役所だ。

バブル経済がはじけて崩壊しはじめた頃、投資に対して損失が生じても証券会社がその補填（ほてん）を約束し、大口の法人の顧客を増やしていたことが発覚して、大問題になった。いわゆる「損失補填問題」である。

バブル期の証券会社は、財テクに走る顧客を増やすことが至上命令だった。業界内の競争も熾烈（しれつ）で、「たとえ損失が出ても、補填して元金（がんきん）は保証します」というセールスが横行した。もちろん違法である。

営業特金（とっきん）（特金）と呼ばれた特定金銭信託で、「ノーリスク・ハイリターン」を保証する夢のような投資だった。企業をはじめ地方自治体や公共団体も、軒並みこのウマい話に乗っかって、財テクに走っていた。

公共団体では、公立学校共済組合が74億円、年金福祉事業団が53億円もの損失補塡を受けていたことが判明した。特金に手を染めた自治体や公共団体は「博打のような投資をした」と大きな非難を浴びた。

京都市も当然、損失を被る危険性の高い金融商品に投資していると思って、問い合わせた。回答を聞いて、にわかには信じられなかった。

「すべて定期預金です」

社会全体が財テクに突っ走っていた時期に、定期預金だけ？

結果的にはよかったのだが、それにしても堅実すぎるだろう。

「投資はリスクが大きいので一切しません」

真面目な表情で自信たっぷりに話す財政当局の担当者を見ていると、京都市役所のもう一つの側面を見たような気分だった。

役所にとって、堅実で真面目なことはとても大切なことだ。しかし、この堅実で真面目が、ときには闇社会の餌食（えじき）になってしまう。

京都市のさまざまな動きのなかで、「御池産業」は大きな割合を占める。闇社会が虎視眈々とつけ入るスキを狙うなかで、市役所内に軋轢と歪みが生じるのは仕方ないことかもしれない。

魑魅魍魎の伏魔殿はそんな環境を反映しているとしか思えない。

役所に潜む「捜査二課長」

少し話がそれるが、それなりの規模の役所には存在する「捜査二課長」について触れておこう。

「捜査二課長」は私が勝手に命名したものだが、正確にいうと、役所内の不祥事や事件情報をひそかに収集している職員のことだ。

「捜査二課長」は警察本部や公安調査庁、検察庁などに出入りして、役所内の情報を提供する代わりに、警察や検察の情報を入手していた。

もちろん何でもかんでも情報交換していたわけではない。そこはお互いの足元を見ながら、あくまでも「ギブ・アンド・テイク」の世界だ。

「捜査二課長」は、ある役所では職員の福利厚生を担当する課長だったり、別の役所では議会事務局の次長だったりと、表向きの顔はバラバラだ。もちろん本人は自分の「副業」について口外しないから、一見しただけではわからない。

一見しただけではわからないどころか、自分の直接の上司にも報告しないから、同じ職場の同僚にも知られていないという「隠密同心」みたいな役回りだ。

報告する相手は助役だったり、総務部長だったり、市長室長だったりする。

京都市役所にも「捜査二課長」はいたし、大阪市役所、大阪府庁でもひそかに存在した。役所内の不正や不祥事の摘発の発端が、「捜査二課長」からの情報だったという例は案外多いようだ。

メディア人からすると、これほど魅力的な人はいない。捜査当局の情報も役所内の情報も両方持っているわけだから、「捜査二課長」ひとりをつかまえておけばいい。

「隠密同心」みたいというと、どこか影があって近寄りがたいイメージがあるが、素顔はとても明るくて社交的な人が多い。気さくに話をしてくれるし、どちらかというとおしゃべりだ。

それだけに、いくら親しくなっても、なかなか核心的な話をしてくれない。ベラベラしゃべりまくって大笑いしているわりには、あとで思い返してみるとたいした内容がなかったということが多かった。

闇社会とは少し違う世界だが、役所の水面下でひそかに活動しているという点では、役所の闇社会の住人といえるのかもしれない。

役所の「捜査二課長」は、いたって陽気で、いたって用心深い。

情報の交差点にいる人間の不文律を、しっかりと守っている。闇社会の鉄則はここでも有効なのかもしれない。

10 「釜座幕府」、門番は共産党京都府委員会

京都府庁と京都市役所の葛藤

釜座（かまんざ）幕府――。

京都府庁はひそかにこう呼ばれている。

洛中のちょうど中央付近を南北に伸びる釜座通（かまんざどおり）は、北上していくとちょうどその突き当たりが、京都府庁の本館正面玄関になる。

釜座通をさえぎるように立っているから、という単純な理由だけではない。こんな陰口に抵抗する意味合いがある。

「京都市あっての京都府」

「京都府は京都市を除けば『府』しか残らない」

府と市の歪んだ感情を整理するためでもなかろうが、やはり府のほうが市よりも一段上だぞという感情が「幕府」のなかに込められているように感じる。京都らしいいびつな感情のように思うが……。

京都府庁　旧本館

28年間の蜷川府政がつくった「共産王国・京都」

「幕府」という表現には大きな背景がある。

1950年から7期28年間にわたって京都府知事をつとめた蜷川虎三（にながわとらぞう）氏の存在だ。

単なる長期政権というだけではない。戦後日本で例のない長期間の革新府政を維持した影響力の大きさから、誰も歯向かえない強力な「幕府」だった。

戦前戦中は京都帝国大学経済学部教授で統計学の権威

だったが、敗戦で戦争責任をとって辞職した。芦田均（あしだひとし）内閣で初代中小企業庁長官をつとめたあと、社会党の公認で京都府知事に当選した。

親しみを込めて「トラさん」と呼ばれた蜷川氏の強みは、社会党や共産党の支持勢力だけではなく、一部の保守層からも大きな支持を受けつづけたことだった。「15の春を泣かせない」をスローガンに公立高校の総合選抜制度を導入、全国初の高齢者医療費助成をはじめたほか、地元の金融機関や建設業者の育成を進め、郡部の開発に力を入れた。

そうした地元最優先の施策を打ち出した結果、本来は自民党などの保守政党を支持する農業団体や土木建築団体、医師会などからも支持を受け、選挙では圧倒的な強さを誇った。

京都は「千年の都」「王城の地」として、ガチガチの保守地盤のイメージを持たれる。しかし、蜷川知事時代はそんなイメージとはまったく逆だった。京都大学をはじめ大学が多数あり、もともと「反保守」「反政府」の気風が強いということもあったが、蜷川知事の長期政権で確固たる革新地盤が築かれた。

１９７０年代には大阪府、東京都などの大都市で革新知事が当選し、革新自治体が次々と誕生した。急速な工業化で大気汚染や水質汚濁（おだく）などの公害が問題になる一方で、人口が集中する大都市では福祉や教育の改善が重要視されるようになっていた。

従来の保守政治からの転換が求められたのだろう。京都府はその先駆け、モデルケースになった。

60年代後半から、蜷川知事は社会党と距離を置きはじめた。代わりに伸長してきたのが共産党だった。府職員労働組合、府教職員組合、府医師会の「蜷川御三家」を中心に、幅広い支持層に支えられた「トラさん」の勢いに乗って、共産党は一気に京都政界の中心舞台に躍り出た。

「自民に対抗できるのは共産党だけ」

京都府庁本館から釜座通を500メートルほど南に下ると、レンガ造りの5階建ての建物がそびえ立っていた。

日本共産党京都府委員会。

現在は改築されて見違えるようなおしゃれな建物になったが、私が京都にいた頃はまるで要塞（ようさい）のような武骨な建物だった。

丸太町（まるたまち）通に面したこの「要塞」は、〝蜷川将軍〟が鎮座する京都府庁にごく近いことから、「まるで釜座幕府の門番や」といわれた。

共産党は蜷川府政の下で着実に力をつけ、1970年代に入ると黄金期に入った。京都府議会、京都市議会では自民党に次ぐ第二党として存在感を示したのは当然のこと、国政選挙でも強さを増していった。

旧中選挙区での衆議院選挙では、京都府の10議席のうち（京都1区、京都2区で各定数5）3議席を獲得、参議院選挙（定数4）でも2議席を占めて、京都府内から計5人の国会議員を送り出したこともあった。共産党の占有率はじつに35％で、全国的に見ると驚異的な数字だった。

国政選挙でも地方選挙でも、定数が2議席の選挙区では自民と共産が議席を分け合うことが多く、「自共の指定席」といわれた。自民に対抗できるのは共産党だけというのが、京都政界では常識だった。

恐るべき共産党ネットワークの情報収集力

共産党の強みは、なんといってもそのネットワークの幅広さと緻密さだった。ネットワークといえば聞こえはいいが、見ようによっては一種の「諜報網」にも見えた。

釜座幕府には「トラさん」が控える。

京都府議会と京都市議会には多くの議員がおり、それぞれの地元からキメ細かい情報が上がってくる。

京都府職労、京都市職労をはじめ、各自治体の職員労働組合からはそれぞれの職場の「生の声」が集まってくる。

蜷川知事を支持する京都府医師会の情報力もバカにできない。医師はつねに患者や看護師、薬剤師らと地域の情報を共有している。

民主商工会（個人事業主や中小企業が加盟する共産党系の団体）は、税務相談や経営相談を通じて中小企業や中小商店と密接な関係を築いていた。商工会議所よりもはるかに地域経済に密着していた。

それだけではない。

京都の共産党ネットワークの本当の凄さは、その裾野の広さにある。通常では共産党を支持しないような「保守的」とみられる人たちのなかに、少なからず熱心な支援者がいたからだ。

創業数百年の宮中御用達の菓子司（かしつかさ）や室町の西陣織の卸（おろし）問屋の経営者にもシンパがいた。京都府や京都市の幹部にもシンパがいたようだ。


こんなことがあった。

京都市開発審査会で、ある開発事案が審査されていた。委員は学者や元市幹部ら。審議は非公開で、委員の口は堅かった。おりしもバブル全盛期で京都市内の乱開発が注目を集めていた。ここで「不許可」の裁定が出れば画期的だ。審議の中身が知りたい。

このとき、共産党にごく近いある人物が、審議の内容をほぼリアルに教えてくれた。こちらは中身さえわかればいいから、誰が漏らしてくれてもいいのだが、話があまりにも詳細なのでそのルートが気になった。

「誰が教えてくれるん？　委員にスパイでもおるん？」と聞いてみた。

するとニヤッと笑って「委員のメモやったらこんなに詳しいわけないやん」と言う。

「君に見せてんのは決裁前の議事録やで」

こんなこともあった。

「京都銀行にも京都信用金庫にも、共産党の〝隠れシンパ〟がぎょうさんおるで」と耳打ちされたことがある。「京都五山」と地元金融機関の関係について詳しくレクチャーを受けたときのことだ。

地元の金融機関の育成は蜷川知事の主要施策の一つだっただけに、その恩恵を受けた地元の金融機関には共産党をひそかに応援する幹部、職員がいたようだ。

金融機関という立場上、表立って共産党の関係者と付き合うわけにはいかない。ネットワークの裏側にはしっかりと入り込んでいたのだろうか。

共産党の関係者を通じて、どう考えても暴力団の幹部級でなければ知らないような情報に接したこともあった。私の「京都五山」の知識のなかに、共産党筋から流れてきた情報が相当量あったのは事実だ。

政治、経済、金融、医療、教育、産業、文化、エンタメ、学術、市民運動、暴力団、そして闇社会……。

恐るべき京都の共産党の情報収集力。

それは路地裏の隅々にまで広がっているように見えた。

京都で取材活動をしようと思えば、共産党のネットワーク抜きには考えられない。バブル経済期の1980年代後半から1990年代初めには、盤石(ばんじゃく)のはずだったネットワークにもややほころびが見えはじめていた。しかし、まだまだ膨大な情報が行き交っていた。

現在でいえば、京都で最大の「ビッグデータ」を握っていた。

ビッグデータから生まれる「陰謀」「謀略」

蜷川知事が勇退し、全国的に革新勢力が後退をはじめると、京都の共産党の勢いにも陰りが見えはじめた。30年近く冷や飯を喰わされた自民党を中心とする保守勢力、すっかり力を削(そ)がれてしまった社会党の反撃は凄(すさ)まじかった。

「二車線の舗装道路が、京都に入ったとたんに狭い砂利道になる。全部革新府政のせいや」

「府議会の委員会室は全国でいちばん狭い。まともな議論ができない。蜷川府政のせいや」

話の真偽はさておき、あらゆることが反撃の対象になった。

攻守が入れ替わった影響は大きかった。いままでは自分たちの勢力維持に活用していた「ビッグデータ」が、保守勢力という敵を攻撃するための武器になりはじめた。「こんなひどいことを計画している」「こんな不正を働いている」というような暴露は、たしかに社会の矛盾(むじゅん)を衝(つ)き、是正につながることもあった。

一方で、不明朗な出来事や原因不明の出来事に対して、「陰謀」や「謀略」のような形にして、情報を流すことが増えてきた。

何が起こっているのかよくわからず不安が広まるような状況下では、論旨や結論がわかりやすい「陰謀」や「謀略」があっという間に広がってしまう。「そんな単純なものではないだろう」と思いながらもなんとなく信じてしまう。

バブル期を通じて、京都では「陰謀」や「謀略」が数多く流れた。

「京都には闇の市長、影の市長がいて、すべてを取り仕切っている」
「警察、検察を抑えている山段が了解しているから大丈夫だ」
「地域住民を無視した開発工事は、裏で大山が操っている」
「裏で会津小鉄会が巨額の資金を流しているから止まらない」

「地元の金融機関の実質的な頭取は山段だ」

枚挙に暇（いとま）がない。いずれも根拠ははっきりしない。

洛外の人たちに「さすがに京都らしい」と興味半分でもてはやされることが多く、たちまち広まって信じられてしまうから厄介（やっかい）だった。

結局、「山段の陰謀」や「会津小鉄会の組織的な謀略」という結論ばかりが頭に残ってしまった。

共産党が闇社会の一員だったなどといえば、共産党京都府委員会はじめ京都の共産党関係者は間違いなく猛抗議してくるだろう。

しかし、当時、闇社会について最も詳しかったのは共産党の関係者であり、闇社会との人脈をしっかりとつかんでいたのは共産党とそのシンパの人々だった。

京都市職労の月刊誌、ウリは闇情報

バブル経済がはじまった頃、京都市職員労働組合が月刊誌の発刊をはじめた。労働組合が編集・発行する雑誌だから、自分たちの活動の宣伝や市民運動をPRする程度のものと思っていた。

バブル経済の影響で、京都が乱開発の波に襲われていたころだ。反対する市民運動や住民活動の紹介がメインだった。

しかし実際に目玉となったのは、京都の闇社会とそれに連なる企業や人物の実態を暴露する特集記事であり、表舞台になかなか出てこない水面下の情報を紹介する「覆面座談会」だった。

山段芳春氏の動きや、近畿放送の実情、西武グループの京都進出の裏事情などが紹介された号は、発売から数日で完売した。

京都では当時、似たような雑誌がいくつか発行されていたが、市職労のものは内容の面白さ、きわどさで群を抜いていた。

京都府庁や京都市役所、京都府警の幹部のあいだでは「必読誌」になっていた。発売日には早くもコピーがひそかに回覧され、売り切れると市職労の事務所にこっそりと問い合わせの電話があったという。

京都の地上げ屋をいくつも直接取材して、地上げ業者の特集号を発行したときは、即日完売の書店が相次いだ。通常ならほとんど世間の注目を集めることがない地方自治体の労働組合がつくる月刊誌としては、異例のことだった。

京都市職労から共産党を通じてつながる広大な人脈を駆使して集められた情報だった。もちろん玉石混交で眉唾（まゆつば）ものもあったが、京都の闇社会を最も忠実に描き出していた。

じつは私も特集記事のメンバーのひとりであり、覆面座談会の出席者のひとりだった。一般紙で闇社会に触れる記事を書くことは不可能に近かった。なによりも裏を取るのが難しく、推測や憶測ばかりで書くのはあまりにリスクが大きい。

裏の取れないものや推測を除いて書けば、堅い事実だけになってしまい、まったく中身がおもしろくない「スカスカ」の原稿になってしまう。記事として成り立たなかった。

正直言ってストレスがたまりまくっていた。

「裏が取れてないいって？　かめへん、かめへん。そんな面白い話、腐らせたらもったいない。書いて、書いて」というおだてに乗って、書きまくったというのが事実だった。

ある大型プロジェクトに、政治家が後ろ盾になり闇社会の人脈を使って関東の大手ゼネコンが進出を企てているという噂があった。政治家が特別な便宜をはかっているという事実でもつかめたら第一級のネタになる。しかし取材はなかなか前に進まなかった。不確かな事実と憶測だけで書けるわけがない。そんな私の「グチ」が、そのまま覆面座談会に載ってしまった。そして不確かな事実と憶測は、確かな事実として一気に広まってしまった。

水面下の情報というのは怖いものだ。

掲載直後から、「こんな話があるけれど知ってる?」「この話、ホントのところはどうなんかなあ」とあちらこちらで話題になってしまった。

「それは俺が書いたやつやで」とも言えず、生返事を返すことになった。下手すると自分の流した情報に自分が騙されることになりかねない。

世間で流れる「陰謀」も「謀略」も、じつはこんな具合に流れているものが多いのではないだろうか。「幽霊の正体見たり枯れ尾花」ではないが、闇社会の情報ってこんなものじゃないかと思うことが多くなっていった。

その点でいえば、京都の共産党にとって闇社会はむしろ貴重な存在だったかもしれない。闇は闇らしくしているからこそ、闇を暴いているという存在感があるのだから。

11 同和を名乗る団体とサラ金の空前の地上げ作戦

京都駅前に広がる1万平米の更地

ＪＲ京都駅前の一等地約１万平方メートル（約３０００坪）が、一望千里の更地になっていた。

木造の民家がポツンポツンと残るだけで、まるで絨毯（じゅうたん）爆撃を受けた後のようだ。ビルが林立する駅前にできたエアポケットのような空間は、史上最大の地上げ作戦のあった現場だった。

初めて見たときの衝撃を忘れることができない。

まともな工事現場ではないことが一目でわかった。破壊された家屋のがれきがあちらこちらに積み上げられたままだったし、いまにも崩れそうになって立っている民家の壁には、ペンキがぶちまけられたような跡が生々しかった。

すぐ目の前は、数分おきに新幹線が発着する京都駅だ。

京都の玄関口で何が起こったのだろうか。

黒スーツ姿の男たちが開くぬかるみ運動会

何が起こっているのかは間もなくわかった。

1988年の祝日のある日、京都駅の近くで開催しているスポーツ大会の取材を指示された。パンフレットかチラシがないのか聞くと「行ってみたらすぐわかる」という。しとしとと雨が降るなかで「こんな天気にスポーツ大会なんてやってるんやろか」と思って到着したのが、一望千里の更地だった。

雨でドロドロにぬかるんでいる更地に、子供から大人まで数百人が集まっていた。スポーツ大会といっても玉入れや綱引きだから、普通の運動会。ぬかるみをよけながら本部席のあるテントまで行くと、黒いスーツ姿の男に取り囲まれた。

「こんな天気のなか、よう来てくれはりました」と次から次へと名刺交換。そして来賓席へ連れていかれた。

パイプ椅子に座ると、目の前ではずぶぬれになって子供たちが走り回っている。何の競技だろうと思っていたら、黒スーツの男が、隣に座っている目つきのよくない男を紹介してくれた。

「こちら志賀勝さん。ご存じでしょう」と言う。たしかに、よく見ると任侠映画に出演している志賀勝氏だった。

黒スーツの男は得意げに紹介してくれたが、はっきりいって映画俳優が来る場所ではない。軽く会釈したら「なんで俺がこんなところにおらないかんのや」みたいな顔つきで会釈を返してくれた。

つづいて入賞者への景品を紹介してくれた。数万円はしそうな電気製品がずらりと並んでいて、黒スーツの男がいかに高級品かを一つひとつ説明していった。

ぬかるみの運動会には不釣り合いな大物芸能人に高価な景品の数々。そして異様な雰囲気をまき散らしている黒スーツの男たち。

どんなに鈍感な人間でも「ヤバいイベントだ」と思うだろう。

交換した名刺には「崇仁（すうじん）協議会」と書かれていた。

この日以降、この崇仁協議会にさんざん悩まされることになる。

「こんなカネ、どこから出てるんやろう」

横道にそれて少し長くなるかもしれないが、お付き合い願いたい。

崇仁地区はＪＲ京都駅にほど近い地域にある同和地区だ。全国でも屈指の規模で、長いあいだ、いわれのない差別を受けてきた。この崇仁地区が崇仁協議会の活動基盤だった。

当時、部落解放同盟や全国部落解放運動連合会（現全国地域人権運動総連合）、全国自由同和会（現自由同和会）などが解放運動をおこなっていたが、崇仁協議会は既存の運動団体とはまったく異なる団体として突如登場した。

そして、このようなスローガンを掲げた。

「いままでにない新しい住民運動をおこなっていく」

「民間活力を導入した街づくりで、崇仁地区を差別と貧困から救う」

崇仁協議会の「ボランティア活動」は、その規模も内容も桁外れだった。

地上げした更地で開催するスポーツ大会や夏祭りには、有名な芸能人を呼び、高額な景品を惜しげもなく提供した。もちろん崇仁地区の住民はタダで参加できた。

小中学生を対象にした学習塾や英会話教室はすべて無料。高齢者への入浴サービスや弁当もタダ。葬儀があれば5万~10万円の香典を供えた。

子供たちを交通事故から守ろうと、朝夕に小学生の道路横断を見守る人に毎月20万円を支給した。地元産業の育成を名目に、モツの天ぷら販売やビニール傘販売に数百万円の助成をすることもあった。

どう考えても毎月、1000万円単位のカネが必要だった。

「こんなカネ、どこから出てるんやろう」と誰もが不思議に思っていた。

崇仁協議会は「差別と貧困から崇仁地区を救いたいという篤志家たちから寄付してもらっている」と言うだけ。篤志家が誰なのかは、決して明かさなかった。

そしてことあるごとに「自分たちはエセ同和団体ではない」とくり返した。疑問や不信感に対しては「住民のみなさんの活動を妨害しようというデマや中傷に騙されないでください」と訴えた。

崇仁協議会の〝顔〟となったのが、委員長の藤井鉄雄氏だ。

自らの半生を記した著書によると、15年間の獄中生活の間に人生観が変わり、「ヤクザ生活から足を洗って、崇仁地区の差別と貧困をなくす運動に一生を捧げよう」と誓ったという。

「崇仁協議会には黒幕がいて、操り人形にされているだけ。藤井氏は単なるお飾りだ」という評判に対しては、顔を真っ赤にしてこう訴えた。

「藤井鉄雄は崇仁地区を差別化から解放する住民の代表だ。黒幕やバックなんか絶対いない」

そして、自分たちの地上げ行為を隠そうとはしなかった。「貧困と差別から救うためには、民間活力を使って地元住民が望むような街づくりを進めなければいけない」と主張する。地上げは街づくりの一部だとでも言いたげな理屈だった。

一般人でさえ「得体の知れない団体」と思っているのだから、マスコミの記者たちが変に思わないわけがなかった。そして、記者の誰もが「同和団体を装ったよくわからない団体」と考えていた。

巧妙なメディア対策、執拗な売り込み

崇仁協議会のメディア対策は巧妙だった。

冒頭で紹介した「ぬかるみの運動会」は、地元紙の京都新聞はもちろんのこと、全国紙4紙が翌日の朝刊で取り上げ、NHKと地元局のKBS京都がニュース番組で放映した。

とにかくマスコミへの売り込みは執拗だった。

チラシやパンフレットのほかに、月刊紙「崇仁環境新聞」を必ず送ってきた。上質紙でタブロイド判の新聞には、「大手のマスコミが自分たちの活動を支援している」と、イベントを取り上げた各紙の記事が大きく掲載された。

万が一にも取材に行かなかったり、記事が載らなかったりすると大変だった。ドスのきいた声で「部落差別をなくそうと頑張っている私たちの活動に協力してもらえないのか」と直接電話がかかってきた。「とにかく事務所に来て話を聞いてくれ」と押しかけてくる

こともあった。

大手マスコミにとって、同和問題はタブーだ。

「部落差別をなくそうという活動に協力できないのか」と言われて反論できるような大手新聞社や放送局はない。話がこじれると、一時的なトラブルでは済まなくなるというのが常識だった。

「面倒なことに巻き込まれないように、うまくやり過ごす」という体質が染みついていた。

残念なことだが……。

崇仁協議会のイベント取材に行かされるのは、まったくの新人記者か、京都に着任して間がない記者ばかりだった。「うまくやり過ごす」ためには、何も事情を知らない記者を行かせるのがいちばんということだ。

崇仁協議会はマスコミも巻き込んで、勢いを増していった。

なによりも、最大の疑問は「巨額の資金をどこから調達しているのか」だった。

京都駅前の一等地の地上げには、数百億円の資金が必要になる。立ち退きに応じない住民に対して恫喝（どうかつ）や脅迫（きょうはく）を駆使した一方で、立ち退きに応じた住民には段ボール箱から取り出した数億円の札束をちゃぶ台に積み上げた。藤井氏の熱意だけで手当てできる金額ではなかった。

攻め込んできた関東の資金

結論から言ってしまおう。

資金源は消費者金融の大手「武富士」だった。

武富士は武井保雄(たけいやすお)氏が1966年に創業した。消費者金融に進出した1970年代後半から急成長を遂げた。レオタード姿の女性が過激に踊りまくるユニークなテレビCMで有名になり、バブル期には業界トップになっていた。

武富士は「徳竹」というトンネル会社をつくり、徳竹を通じて崇仁協議会に資金を流していた。その額は200億円とも300億円ともいわれていた。崇仁協議会のいう「篤志家」は、バブルで大いに潤(うるお)っていた消費者金融だったわけだ。

崇仁協議会は「武富士の出先機関」、わかりやすくいえば「武富士の隠れ蓑(みの)」として活動していたことになる。

バブル期には大都市圏で多くの大規模開発計画があった。東京や大阪のウォーターフロント開発はまさにその象徴だった。東京湾岸では、お台場の開発やレインボーブリッジの建設などが進められ、大阪湾岸では、南港（なんこう）を中心に舞洲（まいしま）や夢洲（ゆめしま）などのベイエリア開発が注目を集めた。

崇仁協議会の目論見（もくろみ）は、京都駅前の一等地をまるごと買い占めて、一大商業エリアとして開発することだった。数あるバブル期の大型開発のなかでも、京都駅前の大規模開発は「最もおいしい事業」の一つだった。

ただ、武富士だけでできるようなものではない。

武富士のバックは何か。武富士を盾（たて）にして裏でうごめいているのは誰か。藤井氏のいう「篤志家」が、武富士だけでないことは確かだった。

当時、こんな企業の名が京都でささやかれた。

虎視眈々（こしたんたん）と京都進出を狙う西武鉄道グループ。

関西での事業展開の突破口が欲しい東急グループ。

京都ブランドを武器にしたい電通。

このような出所不明、根拠不明の情報が、まことしやかに市中に流れた。

武井保雄氏

「西武鉄道グループ総帥の堤義明にとって京都への進出は悲願。武富士と、京都商工会議所会頭でワコール会長の塚本幸一を使って、京都駅前に一大商業リゾートゾーンをつくろうとしている」

「関西への進出の足がかりが欲しい東急にとって、魅力的なのは大阪よりも京都。ターミナル周辺の開発にはノウハウがあるから、京都駅前は最適なエリア」

「崇仁協議会のシンポジウムは電通が仕切っている。これを機に京都駅前の開発に喰い込んで、京都ブランドを手に入れようとしている」

もうお気づきだろう。

出てくるのは関東の企業ばかりだ。関西の企業名はまったく出てこない。潤沢な資金で関東から京都の玄関口に攻め込んでくるという構図が目に浮かばないだろうか。

「洛中のことは洛中で始末をつけてきた」京都の闇社会は、指をくわえて見ていたのだろうか。

指をくわえて見ていたどころか、じつに巧妙な手口で抱き込まれていた。

土建業界は、下請けや孫請けが特需に沸いた。不動産業界は、土地さえ持っていれば濡れ手で粟のぼろ儲けができた。暴力団には、警備費や住民対策費名目でじゃんじゃんカネが入ってきた。

東京の業者に身を委ねてさえいれば、自然と稼ぐことができた。それだけ流入する資金量が桁外れだったということだろう。

京都の闇社会にとっては初めての体験だったに違いない。

「崇仁協議会はアンタッチャブル」

ただ、関東から直接手を突っ込んでいる形にはしたくなかったのだろう。「関東の連中が、京都の頰を札束でひっぱたいた」という印象を持たれるのは絶対避けたかったに違いない。

そこで洛外のサラ金と洛中の闇社会をつなぐための「パイプ」になったのが、崇仁協議会だった。

いくら得体が知れないと見られても、部落差別をなくすために活動する同和団体ということであれば、マスコミでさえ正面切って批判してこない。邪魔するものなく、思う存分に地上げができた。

武富士から流れてくる潤沢な資金は、地上げの資金や地元への「ボランティア活動」だけに使われたのではないだろう。「パイプ」を通じて、京都の闇社会にもジャブジャブと流れていったに違いない。

委員長の藤井氏は地元で暴力団を結成し、組長に就いていた男だ。会津小鉄会の傘下にあったのだから、ヤクザの世界から足を洗ったとはいえ、会津小鉄会とは当然通じていた。「京都駅前で少し派手にやりますけどよろしゅう」と相応の〝挨拶料〟を払っていたに違いない。会津小鉄会に目をつぶってもらうわけだから、金額は桁違いだっただろう。武富士も地元対策費として「織り込み済み」で資金供給していたとみられる。

こんな噂が流れたことがあった。

崇仁協議会絡みでちょっとしたトラブルがあり、会津小鉄会傘下のある有力組長に仲裁に入ってほしいと依頼がきた。ところがその組長は、いろいろと理由をつけてなかなか間に入ってくれなかったという。

「崇仁協議会はアンタッチャブル」

「京都駅前は特別な物件やから手を出すな」

が、当時の洛中の親分さんたちに共通した認識だったようだ。

一方で、「京都のフィクサー」といわれ、闇社会の仕切り役と見られていた山段芳春氏の影もまったく見えなかった。山段氏ばかりか、大規模開発と聞けば関係が噂されることが多い大山進氏や西山正彦氏ら常連組の名前も出てこなかった。

莫大（ばくだい）な利権が動く「おいしい話」なのになぜか。

「関東の大資本が動いているからではないか」と考えたこともあったが、そうでもなかった。

京都の事情を何もわかっていない洛外の連中が、同和を名乗る団体を使って派手な地上げを繰り広げたことに、本能的にリスクを嗅ぎ取ったのではないか。

サラ金が金主となっていることで、「すぐに自滅する」と見越してのことだったのかもしれない。

恫喝と低姿勢のくり返しで揺さぶり

崇仁地区と同和問題について、1年間にわたって取材したことがあった。どのメディアもタブー視していて手をつけようとしなかった。しかし、私は取材相手に恵まれて、じつに中身の濃い取材ができた。いまでも人権問題を考えるうえで貴重な財産になっている。

崇仁協議会のやっていることは、同和問題解決に名を借りた地上げと大規模開発だったが、部落差別が根本的に解決されていない現実を社会に突きつけたのも事実だった。特に同和問題をタブー視したままのマスコミに対する、強烈な問いかけだったと見ることもできた。

これを機に、崇仁地区と同和問題について腰を据えて取材してみることにした。ルーティンの仕事があったので、その合間を縫っての取材になったが、地元で地道に活動をつづけている運動家はもちろんのこと、長年にわたって同和地区で布教活動をする牧師や、連合自治会長、学者、在野の研究者らさまざまな方からさまざまな考え方や見方を聞くことができた。「マスコミは決してタブーにしたままにしてはいけない」と痛感した。

崇仁協議会の取材は避けて通れなかった。

取材を申し込むと「待ってました」とばかりに大歓迎してくれた。事務所に行くと委員長の藤井氏以下、幹部が十数名ずらっと並んでいた。目の前には山のように資料が積み上げられていて、1時間近くPRビデオを見ることになった。

つづいて、藤井氏がしゃべりまくった。それまでに聞いていたスローガンのくり返しで目新しさはまったくなかった。

一段落ついたところで「何でも聞いてください。何でもお答えします」と言う。「何でも聞いてくれというのなら」と、やめておけばいいのに、聞きたかったことを次から次に質問してしまった。

・巨額の資金はどうやって調達しているのか？

・脅迫されたという住民がいるが本当か？

・地元の自治会が二つに分かれて、一方は開発に反対しているようだが、これで住民の総意といえるのか？

藤井氏はどの質問にも立て板に水で答えてくれたが、おそらく虎の尾を踏みまくったのだろう。こちらの取材意図は崇仁協議会への賛辞ではなく批判だと感じたに違いない。

翌日の夜、ある幹部から怒鳴り散らすだけの電話がかかってきた。

「おのれ、何を書くつもりじゃ」

「委員長が真剣に答えてくれたのに裏切るようなことするつもりちゃうか」

「ええ加減なことしたらタダで済むと思うな」

完全な恫喝で「ついに本性を出してきたか」と思うとともに「しばらくこんな電話がつづくんやろうなあ」と覚悟した。

すると、その翌日の夜にまた電話がかかってきた。今度は前夜と打って変わって低姿勢だ。

「昨夜はすんませんでした。つい声を荒げてしもて」

「委員長からも叱られました。疑問に思うことを聞くのが記者さんの仕事やって」

「なんとか私らの運動を知ってもらいたいという思いしかなかったんです。勘弁してください」

その次の日の夜もまた電話。今度は怒鳴り声。

「こっちが下手(したて)に出たらええ気になってるんちゃうか」

「出方次第ではいまから押しかけるぞ、こら」

そして次の日は一転して低姿勢。


このくり返しが1週間以上つづいた。

硬軟を交互に使い分けて、相手を次第に自分のペースにはめこむヤクザの常套(じょうとう)手段だ。怒鳴り散らされた次の日に低姿勢で謝ってこられると、ついホロッとしてしまうのが人情だ。連中がヤクザと変わらない集団であることがはっきりとした。

闇社会には闇社会のルールがある。しかし、この連中にとって京都の闇社会のルールは通用しなかった。何をしてくるのかわからない怖さがあったのはそのためだった。

実際に、私の自宅の電話に何回も無言電話がかかってきた。電話番号は非公開にしていたから、わざわざ調べたのだろう。

当時は独身で、薄汚れたアパートの一室に住んでいたから「うっとうしい連中や」と思うだけで済んだ。家族がいないのを、このときほどありがたいと思ったことはなかった。

たちまちやってきた終焉

ここで、京都の闇社会と同和地区について少しだけ触れておく。

1200年の古都は、伝統と文化の歴史であるとともに、差別と階級社会の歴史でもある。皇室や公家という尊い存在をつくると同時に、卑しい存在として差別を受ける人たちをもつくりだした。王城の地である京都には、いくつもの被差別地区がつくられた。居住のほか、教育、就職、結婚などでいわれなき差別を受け、生活は困窮を極めた。貧困と差別の社会から逃れる先の一つが、闇社会だった。

闇社会では差別はない。実力と人脈がすべてだ。表の世界できれいごとを並べている連中をギャフンと言わせることができる。

同和問題はマスコミさえタブー視している。闇社会に切り込もうと思うと、同和問題にも切り込んでいかなければならない。とたんに切っ先が鈍る。結局、闇社会は「得体が知れない」「怖い」という結論で終わらせてしまうことが多かった。

京都駅前の地上げの終焉(しゅうえん)はあっという間にやってきた。

バブル経済がピークを過ぎて陰りを見せると、とたんに武富士の資金供給が細りはじめた。崇仁協議会の活動はたちまち行き詰まってしまった。

「カネの切れ目は……」とはよく言ったもので、資金がショートしはじめると、いままでカネでつながっていた連中が諍(いさか)いをはじめた。

藤井氏の自宅門扉(もんぴ)にガソリンが撒(ま)かれて放火されたり、銃弾が撃ち込まれたりする。藤井氏自身は、地上げの資金だと嘘を言って３億５０００万円を武富士から騙し取ったとして有罪判決を受けている。

崇仁協議会は、バブル崩壊とともに自爆してしまった。

一方で武富士は、東京証券取引所一部に上場するなど、１９９０年代に消費者金融業界で全国トップの企業に成長した。しかし２０００年代に入ると経営は行き詰まり、２０１０年に会社更生法の適用を申請し、事実上倒産してしまった。

京都駅前には、いまでも広大な更地が広がっている地域がある。いかに一等地とはいえ、ない。「京都のいわく付きの土地」として、長いあいだ、どのデベロッパーも手を出さなかった。

しかし、京都市立芸術大学が2023年を目標に移転することになったほか、9階建てのホテルが建設されるなど、新たな京都の〝顔〟に生まれ変わろうとしている。バブルに踊らされた連中の夢の痕（あと）は、少しずつ姿を変えている。

12 「パンツ屋・傘屋・花札屋」

伝統産業は洛中、新興ベンチャーは洛外

京都の闇社会には、主役がいれば脇役もいる。ここでは〝名脇役〟を紹介してみよう。主役たちの活動があまりにも派手なためか、京都財界の影が薄い。影が薄いからといって、闇社会とは無関係というわけではない。

京都の産業構造は大きく二つに分かれている。

西陣織に代表される織物業、清水焼に代表される窯業（ようぎょう）のような伝統産業がある。そして、京セラ、村田製作所、オムロンのような新興ベンチャー産業だ。

大雑把にいえば、創業100年を超えるような伝統産業は洛中、戦後成長した新興産業は洛外と棲み分けができている。この棲み分けが曲者で、バブル景気のようなことがあるととたんに亀裂が生じてしまう。

100年の老舗もまだ赤ん坊

洛中の老舗の旦那衆がひそかに口にするのが、

「パンツ屋、傘屋、花札屋」

・パンツ屋は、下着メーカーの「ワコール」（本社・京都市南区）
・傘屋は、海外ブランドをライセンス生産する「ムーンバット」（本社・京都市下京区）
・花札屋は、家庭用ゲーム機器メーカーの「任天堂」（本社・京都市南区）

ムーンバットは洋傘、任天堂は花札やトランプをもともと取り扱っていたことから、こんなネーミングを受けてしまった。

洛中では、創業から少なくとも100年以上経っていないと「老舗」と認めてもらえない。

「うちなんかまだまだ赤ん坊みたいなもんです。〇〇さんのご当主は十三代目ですやろ。積み上げてきたもんが違います」

江戸時代中期に創業の老舗社長の言葉である。

そんな伝統の塊（かたまり）を背負っている人たちからすると、下着を扱って成功したり、海外ブランドを売り物にしたり、子供の扱うゲームでのし上がってきた戦後の企業は、京都の伝統と相容れないように見えたのだろう。そこにはうらやましさと侮蔑（ぶべつ）が入り交じっている。

ただ、この3社に対する見方には温度差がある。

ムーンバットはもともと西陣織の帯を扱っていた室町の会社で、京都人の嫌う〝出しゃばり〟ではない。

任天堂は中興の祖である山内溥（やまうちひろし）氏が大のマスコミ嫌いで、ほとんど表に出ることがなく、京都人が嫌う〝ええかっこしい〟ではなかった。

京都人が嫌う近江商人の「大風呂敷」

問題はワコール会長の塚本幸一氏だった。一代で全国トップの女性用下着メーカーを築き上げた立志伝中の人物だが、いかんせん「アク」が強すぎた。京都人の嫌う〝出しゃばり〟で〝ええかっこしい〟だった。

塚本氏は滋賀県の出身。八幡商業を卒業した「近江商人」で、太平洋戦争では出征し、ビルマからインド北東部へ進攻し大敗したインパール作戦の生き残りだ。復員した直後に女性用下着に目をつけ、京都で起業し成功を収めた。利にさとい近江商人ならではである。

1983年には京都商工会議所の会頭に就任し、京都財界の〝顔〟になった。バブル景気の真っただ中。塚本氏がぶち上げる構想は、生粋の京都人の目には「単なる大風呂敷」に映るものばかりだった。

・先進国首脳会議（サミット）を京都に招致する。
・リニアモーターカーを京都に乗り入れさせる。

・京都駅の南側に高さ120メートルの経済センターをつくる。
・皇居を京都に移して、天皇陛下には京都に戻っていただく。
・御大典（天皇の即位式）は京都で執りおこなう。

実現したものは一つもない。
加えて、自分の経済人脈を誇示したいのか、洛外の経済人の名前がたびたび登場した。

「サントリーの佐治さんも興味を持っていた」
「東急の五島さんは賛成してくれた」
「西武の堤さんとはいつも〝京都をなんとかしよう〟と話してる」

塚本幸一氏

登場する名前は、どれもこれも洛中の京都人には「カチン」とくるものばかりだった。特に西武鉄道グループの堤義明氏との蜜月の仲は、西武の京都進出の野望とあわせて独特のうさん臭さを漂わせていた。

「パンツ屋が近江商人の手引きをしてる」とささやかれた。滋賀県出身の堤家にとって、西武グループの京都への進出は悲願で、なんとしても果たしたかったようだ。

京都の闇社会にとっても、塚本氏はうっとうしい存在だった。京都をひっかきまわすだけではなく、洛外の連中とともに利権あさりを主導するやっかいな男だった。

塚本氏はことあるごとに、こう口にしていた。

「わしは戦争中、ビルマでほんまもんの鉄砲の弾の下をくぐって生き延びた。それを考えたら怖いもんなんか何もありませんわ」

「ほんまもんの弾」をくぐった自信からなのか、闇社会を無視するかのような傍若無人の振る舞いが目立った。

しかし、京都の闇社会はそれほど甘くない。何回も自ら墓穴を掘り、何回も地雷を踏んでいる。「パンツ屋はパンツ売っとけばええんや。おとなしゅうしとらんと痛い目に遭うで」という物騒な言葉を吐くやつもいた。

古都税にも京都ホテルにも踊らされ

京都仏教会とその参謀役の西山正彦氏とのあいだでは、塚本氏は何回も不可解な揉め事を起こしている。

1985年の古都税紛争のときには、西山氏から「あんたを男にしたる」と持ちかけられて、西山氏や仏教会と密談をつづけた。

塚本氏にとっては、全国的に注目を集めている問題を自分の手で始末をつけたら「男」を上げる絶好のチャンスだ。西山氏や仏教会の意図するところを深く考えもせずに乗っかってしまった。

しかし、「使い物にならない」と見た西山氏はあっさりと塚本氏を切ってしまった。闇社会で〝ええかっこしい〟は不要なのだ。

塚本氏は当時65歳、西山氏は39歳。息子のような男に思いっきり振り回されて、大恥をさらしただけだった。

これで懲(こ)りたのかと思いきや、1991年の京都ホテルの改築問題のときにも西山氏と仏教会に翻弄された。

古都税紛争のときの苦い記憶がよみがえったのだろう。

記者会見で激高して、こうまくし立てた。

「仏教会は7つほどの有名な観光寺院が活動しているだけ。京都の寺院を代表するかのような誤解を全国に与えるのはけしからん。観光寺協会とでも名乗るといい」

「参謀が西山なのは明らか。問題をでっち上げて相手を怒らせようという作戦」

ところが1ヵ月もたたないうちに京都ホテル改築反対派にまわり、急転直下、京都仏教会と和解してしまった。

このとき、西山氏と水面下でやりとりがあったかどうかは明らかになっていない。しかしその豹変ぶりに対し、「とても表に出せないような理由があるのではないか」と評判になった。

発砲事件に炎上車の突っ込み事件

当時、京都商工会議所のなかでは「塚本さんが会頭ではやっていけん」と反塚本包囲網ができつつあった。ことあるごとに大阪や東京の経済人の名前を持ち出してビッグプロジェクトをぶち上げ、地元京都の意向を無視するやり方に、洛中の観光業者や和菓子業者などの不満が渦巻いていた。

「塚本おろし」の動きが出るなかで、「1994年の平安建都1200年は自分の手で」との塚本氏の念願を西山氏がうまく衝いた、という説があった。

西山氏が塚本氏のプライベートを衝いたのではないか、という説もあった。

88年4月には、自宅の2階寝室に銃弾2発が撃ち込まれた。また90年10月には燃える乗用車が門扉に突っ込んで炎上した。どちらも閑静(かんせい)な住宅街での深夜の出来事だった。

私は、燃える乗用車が突っ込んだ事件の取材班の一員だった。どう考えても普通のトラブルとは考えられず、京都府警も暴力団の手口として捜査に入った。

「娘が暴力団にちょっかいを出したことへの仕返しではないか」

「長男の現社長が飲み屋で手を出した女がヤクザの愛人だったらしい」

家族が暴力団とトラブルを起こしているという話が、次から次へと耳に入ってきた。ヤクザに決定的な弱みを握られた塚本氏自身が、内々に解決しようとして失敗したのが原因という噂も流れた。

「ここまでトラブルの種を抱えていたら、いつ怪我人が出ても不思議じゃないな」と思った記憶がある。

自分自身も含めて暴力団とのトラブルの解決を持ちかけられた塚本氏が、仕方なく仏教会との急な和解を演出したという話が、まことしやかに語られた。

たしかにこの後、プライベートをめぐるトラブルや事件は影を潜めた。

・京セラ
・島津製作所
・日本電産
・村田製作所

京都には戦後に成長した優良企業が多い。

・村田機械
・オムロン
・堀場製作所
・ローム
・スクリーン

いずれも京都市内に本社を構え、拠点を東京に移していない。京都での存在感はきわめて強い。

しかし、地元での財界活動という点では、京都商工会議所の会頭をつとめたことがある京セラの稲盛和夫(いなもりかずお)氏を除いて影が薄い。生産活動や研究活動は堅実にこなして業績を伸ばしているが、地元と深く関わることはあえて避けているようにさえ見える。

ワコールの塚本幸一氏の派手な立ち回りを見た後だと、余計にそう感じるのかもしれないが……。

13 京都闇社会の華麗なる〝脇役〟たち

京都の闇社会を守り立てた〝脇役〟たちをさらに紹介しておこう。ときには闇社会の味方になり、ときには闇社会の敵となった。脇役たちのおかげで、闇社会は活性化していった。

艶やかな舞妓・芸妓の笑顔の裏で

お茶屋の二階でひそかに話す浪士たち。
一段落ついてパンパンと手をたたく。
女将が顔を出して酒器と料理が並べられる。

つづいてお座敷に現れた舞妓(まいこ)に芸妓(げいこ)。

かくして浪士たちのささやかな憩(いこ)いの時間がはじまった——。

幕末の京都のお茶屋では、このような光景が繰り広げられていたのだろう。密談にはお茶屋が似合う。これは幕末も現代も変わらないのかもしれない。

京都には5つの「花街」がある。

上七軒(かみしちけん)、祇園甲部(ぎおんこうぶ)、先斗町(ぽんとちょう)、宮川町(みやがわちょう)、祇園東(ひがし)。

だらりの帯の舞妓さんに、あざやかな舞を披露してくれる芸妓さんは、京都を象徴する人たちだ。お茶屋に舞妓を呼ぼうとしても、「一見(いちげん)さんはお断り」。なかなか会えないからこそ、憧れをいっそう増幅させてくれる。

上七軒では「北野をどり」、祇園甲部では「都をどり」、先斗町では「鴨川をどり」というように、それぞれの花街では春や秋に踊りの公演がある。

公演の前には、新聞社やテレビ局の記者を対象にした「ブリーフィング」があった。会場は料亭で、芸舞妓が接待してくれる贅沢(ぜいたく)極まりないブリーフィングだった。

私も何回か参加したことがある。役得といえばそれまでだが、こんな機会がなければ舞妓さんのお酌で酒を飲むことなどできない。

至福の時を過ごした後、帰り際にお土産を渡された。その場で中を確かめるのも失礼なので、自宅に帰って袋の中を見た。

お仕立券付きのカッターシャツの布地と「お車代」と書かれたのし袋が入っている。「現金を受け取るのはまずいな」と思いながら、のし袋の中を見て腰を抜かしそうになった。

一万円札が5枚。

私はどちらかというと鈍感な部類の記者だが、即座に「これはまずい」と思った。

翌日の朝、仕事を放り出してお茶屋組合の事務所に駆け込んだ。「お車代をいただくのはやはりまずいので……」とのし袋ごと返そうとすると、上品な和服の女性が、「ちょっと待っておくれやす」。

あっちでひそひそ、奥でひそひそと話をしているようだ。

まるで私が因縁（いんねん）をつけに乗り込んできたような雰囲気だ。居づらくなってきた頃、貫禄（かんろく）のある年配の女性が奥から出てきた。

「そんな気遣わんと収めてくれはったらええのに」

と言葉は柔らかいが、「なんと無粋なことをするお人や」というオーラをプンプンと出しているのがわかる。

もう喉(のど)はカラカラ。かすれた声で「なんぼなんでもこれはまずいですから」と、のし袋を押し付けるように手渡して、逃げるように事務所を出た。

やはり京都の花街は世界が違った。独特のルールと格式を知らない人間が気軽に遊びにいくところではない。京都の花街の私の印象はいまでも「怖いところ」だ。

「どんなお客さんがご贔屓かは企業秘密どっせ」

敷居が極端に高い。

そして、とにかく口が堅い。

こっそり会いたい人と、社会に知れるとまずい話をするにはこれほど最適な場所はない。

幕末の浪士ならずとも、闇社会の連中が通うのは当然なのかもしれない。

「福田赳夫（元首相）がひいきにしているお茶屋がある」

「大相撲の人気力士が会津小鉄会の幹部に接待してもらっている料亭がある」

そんな噂話を聞くたびに、裏を取るためお茶屋や料亭を走り回った。用件を告げて女将との面談を頼んでも、何時間も待たされたあげく、「もう店閉めまっさかい」と軽くあしらわれた。

タクシーで帰宅する寸前につかまえることもあった。

「どんなお客さんにご贔屓にしていただいているかは企業秘密どっせ。お宅も記者さんやったらニュースソースを守らはりますやろ。同じです」

言葉は柔らかいが、毅然とした姿勢は決して崩すことがなかった。どこの女将も同じだ。例外はない。

口の堅さでは、警察官や検察官をはるかに上回っていた。

花街の女性は一枚も二枚も上を行っていた。花街は〝脇役〟などではなく、ある意味で、闇社会の〝準主役〟かもしれない。

洛中では圧倒的シェアの「信金王国」

京都は、地元金融機関の力がきわめて強く、全国規模の都市銀行の存在感が薄い。特に洛中では信用金庫が大きなシェアを誇り、「信金王国」と呼ばれている。

京都府内の総預金額や総貸出額でみると、信用金庫は3割前後を占めて全国トップだ。全国平均では1割程度であることを考えると、京都の信金は突出している。

帝国データバンクが2016年に調査した「メインバンク社数」でみると、京都府内の企業の約7割が地元の金融機関をメインバンクにしていることがわかった。京都市内に限れば75%で、4社のうち3社が地元金融機関をメインにしていた。

京都の三大地元金融機関は、京都銀行（京銀）、京都中央信用金庫（中信）、京都信用金庫（京信）。

2019年の預金残高でみると、京都銀行が二つの信用金庫を少し引き離している。

・京都銀行　　　　8兆600億円

・京都中央信用金庫　　4兆6700億円
・京都信用金庫　　　　2兆5000億円

バブル経済当時はどうだったのか。

1985年頃の総預金額は、京都銀行が約2兆円、京都信用金庫と京都中央信用金庫がそれぞれ約1兆円だった。地元銀行1行と地元信用金庫2行の預金額がほぼ同額だった。しかし、バブル期から2000年代初めまでは、2つの信用金庫の総額が京都銀行を大きく上回っている。特に京都中央信用金庫は、破綻した信金から2001年に事業譲渡を受けたことから、信金全国1位に躍り出た。

3つの金融機関は、それぞれに異なった事情を抱えている。

京都銀行は、もともと京都府北部の福知山市に本店を置いていた。1953年に京都市内に本店を移して、晴れて〝洛中入り〟を果たした。それまで京都市内を基盤にした地方銀行はなかった。

京都中央信用金庫は、2000年に破綻した京都みやこ信用金庫と南京都信用金庫の事業譲渡を受けて、一気に拡大した。もちろん破綻した信金を抱えての再生は容易ではなかったが、断トツで全国信金トップとなる礎はこのときにできた。
京都信用金庫は、バブル経済に翻弄されたこともあり、他の2機関からは少し水をあけられた。しかし、歴史と伝統がある信金だけに古くからの得意客が多く、「やっぱり京信さんじゃないと」という京都人は多い。

全国規模の都市銀行が京都で業績を伸ばせなかったのには、いくつか理由が考えられる。

・特に京都市内には伝統産業とかかわる小規模零細企業が多く、もともと信用金庫の顧客が多かった。
・京都銀行が京都市内に進出してくるまで、京都市内には地元の地方銀行がなく、信用金庫がメインだった。
・村田製作所やローム、オムロンなど、ベンチャーから急成長した企業の多くが、創業時に支援してくれた地元の金融機関を大切にした。

地元の企業に密着して、地元の伝統産業を守り育て、小回りが利き、痒いところに手が届く信用金庫の活動が、京都の産業風土にぴったりと合ったのだろう。

一方で、洛中という閉塞された空間で圧倒的なシェアを持ってしまうと、癒着や馴れ合いを招きかねない。洛外の常識と乖離した〝洛中の論理〟で、さまざまなことが進んでしまった。

喰い込む黒幕、つづく蜜月

京都の黒幕といわれた山段芳春氏が京都信用金庫に喰い込んでいったきっかけは、創業家と天下り官僚との内紛だった。

京都では、どんな些細なことでも、あっという間に噂が拡散してしまう。経営陣の内輪揉めなどは、決して外に出したくないし穏便に収めたい。しかし一方で、主導権はしっかりと握りたい。そんな相反する思惑がぶつかったところに、山段氏は巧妙に入り込んでいった。

勝ち組となった理事長を抱え込んだ山段氏は、やがて職員の労務管理を通じて内部に喰い込んでいった。研修会の開催などをきっかけに、一般企業の労働組合にあたる職員会議を仕切りはじめた。情報を握り、即断即決で進める実行力を全面に押し出すことで、経営方針にも口を出すようになった。

古い体質が残る信用金庫の内部では、山段氏の情報力とカリスマ性を備えた存在感は異彩を放った。やがて、自らが経営するノンバンクへの多額の融資を実現させてしまう。信金王国の京都で京都信用金庫を味方にすることは、京都で最大級の資金供給源を手中に収めたことになった。

信用第一の金融機関には、外部に出したくないような事案が少なからずある。些細なことでも外部に漏れて京都での信用を一気に失墜（しっつい）してしまうことを恐れて、トラブルはできる限り内部で処理しようとする。隠密裏にトラブルを処理していく山段氏は、次第に欠くべからざる存在になりつつあった。

山段氏は京都銀行にも喰い込んでいった。山段氏が主宰した京都自治経済協議会には、京都銀行の幹部が多数参加していた。警察、検察、行政、労働団体、金融機関などの幹部やＯＢが集まり、さまざまな情報交換ができて具体的なアドバイスを受けることができるつながりは、魅力的だったのだろう。

ただ、そうやって山段氏とつながっていくことは、闇社会とつながりを持つことになる。もちろん恐喝(きょうかつ)まがいで金銭を巻き上げられるようなことはないが、無理筋の資金融資を持ち込まれることがしばしば起きた。

１４６億円の負債を抱えた近畿放送の救済にあたって、山段氏が最後まで当てにしていたのは京都信用金庫であり、京都銀行だった。

すでにキョート・ファイナンスやキョート・ファンドに多額の資金を流していた京都信用金庫は、体力的に限界だった。京都銀行は資金融資どころか、近畿放送と関わること自体を避けるようになった。

福本邦雄氏が近畿放送を投げ出す形で社長を退任したとき、後任に名前が挙がったのが京都銀行元専務の奥村光林氏だった。奥村氏は京都自治経済協議会のメンバーで山段氏ともつながりがあり、「やはり最後の最後には、京都銀行が近畿放送を救済する（１４６億円の負債を処理する）」とみられた。

ところが実情は違った。

奥村氏の近畿放送社長就任に対して、京都銀行は猛反対した。それでも就任したいという奥村氏に対して、京都銀行は〝縁切り状〟を突きつけた。奥村氏を顧問から解職、当時就いていた京都銀行に関連するすべての役職を退任することを条件にしたという。

闇社会との関わりは深い亀裂と不信感だけを残す。そして心労を重ねた奥村氏は、在任中に急逝してしまった。

京都信用金庫と京都銀行を抜きにして、京都の闇社会を読み解くことはできないし、バブル期の京都を語ることはできない。かといって、両者が何か積極的に関与していったわけではなく、振り回されただけといえる。

まさしく〝名脇役〟だった。

「闇社会担当」記者が行く

京都では、新聞、テレビ、通信社の記者が大勢活動している。

地元紙の京都新聞、地元ローカル局の京都放送をはじめ、朝日新聞、毎日新聞、読売新聞、産経新聞、日本経済新聞、共同通信、時事通信、ＮＨＫ、毎日放送、朝日放送、関西テレビ、読売テレビがそれぞれ支局、支社などを置いている。

先にも触れたが、たいていの新聞社、放送局は「闇社会担当」の記者を置いていた。

当然のことだが、公然とそのように名乗っていたわけではないし、社内でも知られていないことが多かった。ある社ではサツ回り記者だったり、またある社では司法担当記者だったり、別の社では特に担当を持っていない遊軍記者だったりした。

カバーするエリアも千差万別だった。私の場合は、以前から経営が厳しいといわれていた近畿放送のチェックが主だった。他社には、会津小鉄会と関連する人たちの調査を担当する記者や、京都進出を狙う西武鉄道グループの動きをウオッチしている記者もいた。

どの記者も得た情報をストレートに記事にすることはほとんどなかったので、傍目（はため）には何をしているのかわからなかった。おそらく、会社が求めてくる情報を報告していただけだろう。

そうはいうものの、「○○の記者がこんなことを聞いていった」とか「××の記者がこんなところでこんな人と会っていた」とかいう噂はすぐに耳に入ってきた（それは私の動きも同様に他社に流れていたということだが……）。

あるサウナで、肩から背中いっぱいに入れ墨を入れた人と並んで談笑していた某記者と鉢合わせしたことがあった。後日、「よかったら紹介するで」と言われたが、さすがにお断りした。なんでも彼の上司も鉢合わせしたことがあったらしいが「それからわしへの態度がコロッと変わったで」と大笑いしていた。

記者だからどんな人とも会わなければいけないし、ネタを取ってこないといけない。しかしよほど用心していないと「ミイラ取りがミイラになる」ことがある。相手の懐に深く入れば入るほど、ネタは取れるが、そのネタが書けなくなることも多くなる。

結局、断片的な情報が脈絡もなく地上に流れ出してくるだけになる。聞いていてわかりやすい謀略や陰謀話ばかりが幅をきかせる状態が、京都では出来上がってしまった。メディア人も京都の闇社会の〝名脇役〟だったのだろう。

存在感がとことん薄い政治家たち

一般的には、闇社会に欠かせないのが政治家だ。

ここまで読んできた方は、政治家の名前がほとんど出てこないことを不思議に思われたのではないか。

京都では闇社会につながるような保守政治家の存在感が薄い。京都市長や京都府知事を除いて、地方議員から地元選出国会議員にいたるまで、私もあまりその存在を意識することがなかった。

だからといって、保守系の政治家に大物がいなかったわけではない。

古くは、
・法務大臣を3度つとめ、政治倫理の確立を訴えた田中伊三次(たなかいさじ)氏
・宏池会を率いて衆議院議長もつとめた前尾繁三郎(まえおしげさぶろう)氏
私が京都にいた頃でいえば、
・のちに内閣官房長官や自民党幹事長をつとめた野中広務(のなかひろむ)氏
日本工業の社長の大山進氏が、政治家の名前を盛んに口にしたことがあった。中央、地元を問わず政治家と金銭のやりとりがあったかのような話を暴露したが、本当のところはわからないままだ。

野中氏の名前が出てきて、地元記者が色めき立ったことがあったが、色めき立っただけだった。

私も大型開発プロジェクトをめぐり、「裏で野中氏が動いて利権を山分けしている」という類(たぐ)いの話を聞いたことがある。バブル経済全盛期のことで「さもありなん」と思ったが、いくら調べても「野中の野の字」も出てこない。むしろ得体の知れない物産会社や観

光会社の名前ばかり出てきた。

政治家の不正を追及するのは記者の重要な使命の一つだ。だからといって、何でもかんでも騒げばいいというわけではない。闇社会のフィルターを通した話は下手に処理すると大火傷してしまう。

バブル経済のピーク時には、竹下（登・首相）ルートとか、金丸（信・自民党副総裁）ルートとか、さまざまなルートの先に京都が乗っかっていた。近畿放送の役員として群がってきた連中も、「竹下の政治指南役」「竹下の元秘書で娘婿」「金丸の金庫番」などさまざまだった。

京都で吸い上げられたカネがそのまま東京の有力政治家に流れて、京都はすべて支配下に置かれているかのような話が広まった。

しかし、当時の私にはそんな実感はなかった。

少し格好よすぎるかもしれないが、「いくら大物政治家がバックにいると喧伝しても、京都の闇社会は踊らされないぞ」というようなプライドが満ちあふれていたように思う。

もちろん、バブル経済の崩壊で、そんなプライドはあっという間に吹き飛んでしまったのだが……。

京都の闇社会がことさらに「得体が知れない」といわれたのは、すぐに得体が知れてしまうような政治家がほとんど参入してこなかったからではないか。

そう考えると、京都をめぐる政治家も〝良き脇役〟だったといえるかもしれない。

12月	近畿放送臨時株主総会、京都新聞社が筆頭株主に
	京都ホテルが当初予定通りで改築工事スタート
1992年3月	暴力団対策法施行
	京都市がポンポン山ゴルフ場計画を不許可
	京都市開発審査会が一条山（モヒカン山）再開発許可取り消しを採決
7月	会津小鉄会が暴力団対策法に基づき指定暴力団に
1993年11月	ダイエーファイナンスが近畿放送社屋・放送機材の競売を申請
1994年1月	四条河原町の公示地価、1平方メートル当たり1300万円
	塚本幸一氏が京都商工会議所会頭を退任
4月	近畿放送の奥村光林社長が急逝
5月	近畿放送社長に岩井栄太郎氏が就任
9月	近畿放送の労働組合が会社更生法適用を申請
11月	近畿放送の更生手続きの開始決定
1997年1月	四条河原町の公示地価、1平方メートル当たり600万円
2月	高山登久太郎氏が会津小鉄会会長を引退
11月	住宅金融債権管理機構がペキシム（旧三協西山）に200億円の返還を求め提訴
1999年3月	山段芳春氏逝去
8月	整理回収機構が日本工業と大山進氏らに380億円の返還を求め提訴
2000年1月	四条河原町の公示地価、1平方メートル当たり320万円
2003年1月	四条河原町の公示地価、1平方メートル当たり210万円
6月	高山登久太郎氏逝去
2007年10月	京都放送（旧近畿放送）の更生手続きが終結

京都闇社会年表

1985年1月	四条河原町の公示地価、1平方メートル当たり500万円
7月	京都市が古都税を実施
1986年7月	高山登久太郎氏が会津小鉄会4代目会長に就任
秋	JR京都駅前の地上げがはじまる
1987年1月	四条河原町の公示地価、1平方メートル当たり1000万円
	古都税紛争で西山正彦氏と京都市長との密約テープが暴露
1988年3月	古都税廃止
1989年1月	四条河原町の公示地価、1平方メートル当たり2400万円
6月	近畿放送株主総会、福本邦雄氏が社長に就任。キョート・ファイナンスが筆頭株主に
	近畿放送社屋、放送機材に146億円の根抵当権設定
10月	京都市が一条山（モヒカン山）の再開発を許可
12月	地産が大文字山ゴルフ場計画を白紙撤回
	大納会で日経平均株価が史上最高の3万8957円
1990年4月	京都ホテルが60メートル改築計画を発表
6月	京都府が大雲寺梵鐘を承天閣美術館に還付
1991年1月	四条河原町の公示地価、1平方メートル当たり3000万円
3月	近畿放送の内田和隆副社長が引責辞任
4月	関西新聞社が倒産
5月	JR京都駅の新駅ビル計画が決定
	国際教育アカデミーが事実上の倒産
6月	大阪地検がキョート・ファイナンス、近畿放送を強制捜査
	近畿放送の役員が総退陣、奥村光林氏が社長に就任
7月	イトマン事件で大阪地検が許永中氏、伊藤寿永光氏らを逮捕
11月	京都ホテル改築で京都仏教会が拝観停止を表明（19日後に一転和解）

あとがき

敗戦の年から数えて「戦後〇年」という言い方をする。京都では、もしかすると「バブル後〇年」という言い方が定着するかもしれない。京都はそれほど、バブルの崩壊後に様相が激変した。

本書に登場する「京都五山」は3人が鬼籍に入り、残る2人にも往時の勢いはない。会津小鉄会は暴対法による締めつけで弱体化し、山口組との抗争で内部分裂した。毒気を抜かれた京都仏教会が牙(きば)を剝(む)くこともなくなった。

JR京都駅前の地上げされた更地には、大学の誘致やホテル建設の計画が持ち上がり、新しい街づくりが進んでいる。「モヒカン山」はきれいに造成されて、瀟洒(しょうしゃ)な住宅地になった。

「明日は何が起きるのか」と振り回されたバブル期の経験者としては、寂しささえ感じてしまう。それほど静かになってしまった。

それでは京都は、大阪や東京と同じ街になってしまったのだろうか。

いや、それはないだろう。

鉄板ネタのキョート・ジョークがある。

「京都の人にとって〝この前の戦争〟は太平洋戦争ではなく応仁の乱のことだ」

大阪や東京とは、時間軸がまったく異なる。

「日本で〝京〟と呼べる都は京都だけ。天子さま（天皇陛下）はちょっとのあいだお出かけやけれど、そのうち戻ってきはります」

時代が変わろうが、社会が変わろうが、自らの価値観は変えない。


「フィクサーや黒幕といった一握りの人間が、これだけ高度に成熟した社会を動かせるわけがない」という人は多いだろう。

しかし、ベンガラ格子の奥のほうからこっそりと世間を見ながら、１２００年の歴史を巧みに生きてきた京都人の多くは「社会の成熟度はまだまだ低い」とみているに違いない。

続「京都五山」の新たな登場もあながち夢物語だとは思えないのが、京都の底知れない怖さなのかもしれない。

京都の持つ不思議な力や奥深さ、そして闇社会の真の姿を、本書から少しでも読み取っていただければ望外の喜びだ。

最後になりますが、出版化を推し進めていただいた古屋信吾編集長、拙稿の編集にご尽力いただいた松浦早苗さんに心から感謝申し上げます。

坂(さか)　夏樹(なつき)

著者略歴

一九六一年、大阪府に生まれる。京都のほか、大阪、兵庫、愛知、山陰などでの勤務経験がある全国紙の元記者。バブル経済期と重なった京都在勤中は、警察、検察庁、裁判所、京都市政、京都財界などを主に担当した。近畿放送事件、京都ホテル改築問題のほか、地上げや底地買い、乱開発、住民の反対運動などを取材テーマとした。一方で、京都の食文化にも関心を持ち、伝統料理や京野菜、京都の料理人、京菓子などの取材にも力を入れた。

千二百年の古都　闇の金脈人脈
――バブルの支配者たち

二〇二〇年七月一五日　第一刷発行

著者　坂　夏樹
発行者　古屋信吾
発行所　株式会社さくら舎　http://www.sakurasha.com
東京都千代田区富士見一-二-一一　〒一〇二-〇〇七一
電話　営業　〇三-五二一一-六五三三　ＦＡＸ　〇三-五二一一-六四八一
編集　〇三-五二一一-六四八〇　振替　〇〇一九〇-八-四〇二〇六〇

装丁　石間　淳
印刷・製本　中央精版印刷株式会社

ISBN978-4-86581-255-8